北山酒經

(북산주경)

朱肱(宋) 著

장영걸(張永杰) 편역

도서출판 유한문화사

머 리 말

누룩을 발효제로 쌀을 주원료로 하여 만드는 발효주는 역사가 오래 됐다. 송나라는 중국 역사상 발효주의 전성시대이다. 농업의 발달, 식량의 풍족, 상업의 발전과 도시의 번영으로 술 소비량이 급증했고, 누룩 제조 및 양조 기술의 성숙으로 술의 품질이 크게 향상되고, 술의 종류도 크게 늘어났다. ≪북산주경(北山酒經)≫은 당시 풍부한 경험과 실천을 바탕으로 양조 이론을 전반적이고 심층적으로 정리한 대표 저작이다. 줄여서 ≪주경(酒經)≫이라고도 한다.

≪북산주경≫은 권상(卷上), 권중(卷中), 권하(卷下) 총 3권으로 구성되어 있다. 권상(卷上)은 전체 책의 총론으로, 술의 역사, 술이 인생에 미치는 의미, 양조의 일반 이론 등 몇 가지 측면에서 간략하게 논술했다. 권중(卷中)에서는 다양한 누룩 제조 기술을 설명하고, 누룩 제조 이론을 소개한다. 그 중 밀을 원료로 한 누룩, 찹쌀을 사용한 누룩, 쌀과 밀을 혼합한 누룩, 밀과 콩을 혼합한 누룩, 녹두를 사용한 누룩 등은 ≪제민요술(齊民要術)≫에 기록된 기본적으로 밀을 원료로 한 것보다 누렷하게 발전했다.

그리고 주목할 점은 누룩에 다양한 한약재가 배합되어 있다는 점이다. 한약재는 유리한 미생물 포집과 증식을 돕고, 유해

한 미생물을 억제함과 동시에 독특한 풍미와 효능을 부여할 수 있는 관계로 의학자로서의 저자 주굉(朱肱)은 한약재의 약성과 약리에 정통했음을 보여준다.

권하(卷下)에서는 각종 양조의 공정과 기술에 대해 논한다. 먼저 와장(臥漿), 도미(淘米), 전장(煎漿), 탕미(湯米), 증초미(蒸醋糜), 용국(用麴), 합효(合酵), 제미(酴米), 증첨미(蒸甜糜), 투유(投醹)는 모두 양조의 핵심 기술이다. 부록「신선주법」에는「무릉도원주법」,「진인변자발방」,「냉천주법」의 세 가지 술의 양조 방법과「묘리국법」,「시중국법」의 두 가지 누룩 제조 방법도 포함되어 있다.

≪북산주경≫은 ≪제민요술≫ 이후 다양한 누룩과 술의 제조 방법을 수집하고, 그 원리를 분석하여 이론적 깊이와 실천 실용성을 모두 갖추어 오늘날까지도 널리 사용되고 있다.

저자 주굉(朱肱)은 자(字)가 익중(翼中)이고, 일자(一字)가 역중(亦中)이며, 스스로를 무구자(無求子) 또는 대은옹(大隱翁)이라 불렀다. 호주(湖州, 지금의 절강성) 사람이다. 원우(元祐) 3년(1088년)에 진사(進士)에 급제했으며, 의술에 능통했다. 휘종(徽宗) 때 의학박사로 기용되었다. 숭녕(崇寧) 초에 웅주(雄州) 방어추관(防禦推官)과 등주(鄧州) 녹사참군(錄事參軍)을 지냈다. 정화(政和) 5년(1115년)에 소동파(蘇東坡)의 시를 쓴 일로 인해 달주(達州)로 좌천되었다. 후에 조봉랑(朝奉郎)으로 동소궁(洞霄宮) 제점(提點)을 지냈고, 관직에서 물러난 후 서호(西湖)에 거주했다.

저서로는 ≪북산주경(北山酒經)≫, ≪남양활인서(南陽活人書)≫, ≪내외이경도(內外二景圖)≫ 등이 있다. ≪북산주경(北山酒經)≫의 저술 연대는 정화 5년(1115년)이고, 저자가 항주 서호 북산(北山)에 은거하는 동안 지은 것으로 알려져 있다. ≪북산주경(北山酒經)≫의 내용 중 일부는 한국어로 번역되어 우리 전통주 연구에 활용하고 있다.

전통주 업계의 많은 분들의 요청으로 이번에 내용 전체를 편역(編譯)하게 되었으며, 업계에 조금이라도 도움이 된다면 다시없는 영광으로 생각하겠다. 이 책의 출간까지 도움을 주신 조인성 님과 김봉신 님께 깊은 감사를 드리는 바이다.

2025년 11월

역자 **장영걸(張永杰)**

목 차

북산주경(北山酒經)

[宋] 朱肱(주굉) 著

- 권상(卷上)-

酒之作尚矣。儀狄作酒醪，杜康秫酒，豈以善釀得名，蓋抑始於此耶？

【번역】

술을 만드는 것은 오래 되었나. 의적(儀狄)이 탁주(거르지 않는)를 만들고, 두강(杜康)이 수수술을 만들었으니, 어찌 술을 잘 빚는 것만으로 이름이 났겠는가? 아마도 여기서 시작되었을 것이다.

酒味甘辛，大熱，有毒。雖可忘憂，然能作疾，所謂腐腸爛胃，潰髓蒸筋。而劉詞《養生論》：酒所以醉人者，麯蘖氣之故爾。麯蘖氣消，皆化為水。昔先王誥：庶邦庶士“無彝酒”；又曰：“祀兹酒”，言天之命民作酒，惟祀而已。六彝有舟，所以戒其覆；六尊有罍，所以禁其淫。陶侃劇飲，亦自製其限。後世以酒為漿，不醉反恥，豈知百藥之長，黄帝所以治疾耶？

【번역】

술맛은 달고 매우며, 매우 뜨겁고 독이 있다. 비록 술이 근심을 잊게 할 수는 있지만 질병을 일으킬 수도 있으니, 사람들이 흔히 말하는 것처럼 창자를 썩게 하고, 위를 문드러지게 하며, 골수를 삭게 하고, 근육을 찌게 한다.

유사의 《양생론》에서는 술이 사람을 취하게 하는 이유는 누룩의 기운 때문이라고 여긴다. 누룩의 기운이 흩어지면 술은 완전히 물로 변한다. 옛날 선왕들은 백성들에게 함부로 술을 마시지 못하게 하고, 오직 제사를 지낼 때만 술을 사용하도록 명령했다. 하늘이 백성들에게 술을 만들게 한 것도 오직 제사를 위한 것이었다.

옛날 제사에 사용되던 여섯 가지 술잔에는 모두 받침이 있었는데, 이는 사람들이 과음으로 인해 술잔을 엎지르는 것을 경계하기 위한 것이었다. 또한 술을 마실 때 “육존”이라는 말이 있었는데, 이는 사람들이 술을 과도하게 마시지 않도록 경계하기 위한 것이었다. 진나라 시대의 도간(陶侃)은 단술을 좋아했지만 스스로 음주량을 제한할 줄 알았다. 후세 사람들은 술을 음료수처럼 마시며 술에 취하지 않는 것을 오히려 부끄러워하는데, 그들은 어찌 술이 백 가지 약의 으뜸이며, 황제가 병을 치료하는 데 사용했다는 것을 알겠는가?

大率晉人嗜酒。孔群作書族人："今年得秫七百斛，不了麯蘖事。" 王忱："三日不飮酒，覺形神不復相親。" 至於劉、殷、嵇、阮之徒，尤不可一日無此。要之，酣放自肆，托於麯蘖，以逃世網，未必真得酒中趣爾。古之所謂得全於酒者，正不如此，是知狂藥自有妙理，豈特澆其塊壘者耶？五門先生棄官而歸，耕於東皐之野，浪遊醉鄉，沒身不返，以謂結繩之政已薄矣。雖黃帝華胥之遊，殆未有以過之。由此觀之，酒之境界，豈餔歠者所能與知哉？儒學之士如韓愈者，猶不足以知此，反悲醉鄉之徒為不遇。

【번역】

대체로 진나라 사람들은 술을 즐겼다. 공군(孔群)이 가족들에게 편지를 보내 "올해 찰수수 7백 섬을 얻었으니 누룩 만드는 일을 게을리 할 수 없다"라고 했다. 왕침은 "사흘 동안 술을 마시지 않으면 몸과 정신이 친밀해지지 않는 것을 느낀다."라고 했다. 유령, 은융, 혜강, 완적과 같은 사람들은 특히 하루라도 술이 없으면 안 되었다.

요컨대, 술에 취해 방탕하고 제멋대로 행동하며, 술에 의탁하여 세상의 그물을 벗어나고자 했으니 반드시 진정으로 술의 즐거움을 얻었던 것은 아니다. 옛날에 술에서 완전함을 얻었다고 말하는 것은 결코 이와 같지 않으니 술은 광약이 저절로 묘한 이치를 가지고 있다는 것을 알 수 있다. 어찌 단지 쓸쓸한 영혼을 적시는 것뿐이겠는가?

왕적이 관직을 버리고 동고의 들에서 밭을 갈며 술에 취해 방랑하며, 몸을 망치고 돌아오지 않은 것은 상고시대의 순박한 매듭을 묶어 다스리는 정치가 이미 사라졌다고 생각했기 때문이다. 왕적이 보기에 취향의 아름다움은 아마도 황제가 꿈에서 놀았던 화서씨의 나라보다 나았을 것이다.

이로써 술의 경지는 단지 맹목적으로 술에 취해 곯아떨어지는 술꾼들이 이해할 수 있는 것이 아님을 알 수 있다. 박학다식한 한유와 같은 사람조차도 술의 진정한 의미를 알지 못하고, 오히려 취향에 빠진 사람들은 모두 불우하기 때문이라고 생각했다.

大哉，酒之於世也！禮天地、事鬼神，射鄉之飲，鹿鳴之歌，賓主百拜，左右秩秩。上自搢紳，下逮閭裏，詩人墨客，漁夫樵婦，無一可以缺此。投閑自放，攘襟露腹，便然酣臥於江湖之上。扶頭解酲，忽然而醒。雖道術之士，煉陽消陰，飢腸如筋，而熟穀之液亦不能去。惟胡人禪律，以此為戒。嗜者至於濡首敗性，失理傷生，往往屏爵棄卮，焚罍折榼，終身不復知其味者，酒復何過耶？

【번역】

술이 인간 세상에 기여하는 바는 참으로 크다! 하늘과 땅에 제사를 지내고 귀신을 제사하며, 활쏘기에서 술을 마시고, 손님을 초대하여 잔치를 벌이고, 손님과 주인이 서로 존경하며, 여러 신하들이 모일 때 모두 술을 통해 이루어진다. 위로는 고관대작부터 아래로는 평범한 백성, 시인 묵객, 어부와 나무꾼까지 술이 없는 사람은 아무도 없다.

한가로움을 추구하고, 자신을 방종하며 옷깃을 장어헤치고, 배를 드러낸 채 강과 호수 위에서 편안하게 술에 취해 잠들고, 술에 취한 후 약간의 묽은 술을 마셔 술을 깨면 갑자기 정신이 맑아진다. 도술을 닦는 사람이라 할지라도 오곡을 먹지 않고 장이 실처럼 가늘어지도록 수련해도 곡물로 빚은 액체인 술을 떠날 수는 없다.

서역에서 전래된 불교와 그 교도들만이 술을 끊는다. 술을 좋아하는 사람이 술을 마셔 본성을 거스르고 몸을 해치면 결과적으로 술잔과 술병을 버리고 부수며, 평생 술맛을 다시는 알지 못하게 되는데, 술 자체에 무슨 잘못이 있겠는가?

平居無事，汙樽鬥酒，發狂蕩之思，助江山之興，亦未足以知麯蘗之力、稻米之功。至於流離放逐，秋聲暮雨，朝登糟丘，暮遊麴封，禦魑魅於煙嵐，轉炎荒為淨土，酒之功力，其近於道耶？與酒遊者，死生驚懼交於前而不知，其視窮泰違順，特戲事爾。彼飢餓其身、焦勞其思，牛衣發兒女之感，澤畔有可憐之色，又烏足以議此哉！鴟夷丈夫以酒為名，含垢受侮，與世浮沈。而彼騷人高自標持，分別黑白，且不足以全身遠害，猶以為惟我獨醒。

【번역】

평소에 할 일 없이 한가롭게 지내면서 술을 마시고 술 실력을 겨루며, 조금은 광기 어린 생각을 펼치고, 유람의 흥을 돋우는 것은 술의 효능을 보여주기에 충분하지 않다. 유배되어 떠돌아다니며, 가을비 내리는 저녁에 어쩔 수 없이 아침부터 저녁까지 술을 마시며, 안개 속 도깨비를 막고 황량한 땅을 성스러운 정토로 바꾸는 것, 이때 술의 효능은 어찌 도(道)의 작용과 비슷하지 않겠는가?

술과 함께하는 사람은 죽음과 삶의 두려움이 눈앞에 나타나도 보지 못하고, 곤궁함과 영화로움, 어긋남과 순탄함은 어린아이 장난처럼 마음에 두지 않는다. 어떤 목적을 위해 굶주림을 참고 걱정하며, 어려움을 겪을 때마다 자식처럼 슬퍼하고, 연못가를 거닐며 가련한 표정을 짓는 사람은 어찌 술의 즐거움을 논할 자격이 있겠는가！

치이장인은 술을 생명처럼 여기고, 더러움을 참고 모욕을 견디며, 세상과 함께 부침하였다. 그러나 굴원은 스스로 높은 자리에 서서 흑백을 분명히 했지만, 자신을 온전히 보존하고 재앙을 멀리하지 못했으며, 오히려 자신만이 홀로 깨어 있다고 생각했다.

善乎！酒之移人也。慘舒陰陽，平治險阻。剛愎者熏然而慈仁，懦弱者感慨而激烈。陵轢王公，給玩妻妾，滑稽不窮，斟酌自如。識量之高、風味之嫩，足以還澆薄而發猥瑣。豈特此哉？“夙夜在公”，≪有駜≫。“豈樂飲酒”，≪魚藻≫。“酌以大鬥”，≪行葦≫。“不醉無歸”，≪湛露≫。君臣相遇，播於聲詩，亦未足以語太平之盛。至於黎民休息，日用飲食，祝史無求，神具醉止，斯可謂至德之世矣。然則伯倫之頌德，樂天之論功，蓋未必有以形容之。夫其道深遠，非冥搜不足以發其義；其術精微，非三昧不足以善其事。

【번역】

아! 술은 사람의 성격과 심경을 변화시킬 수 있다. 밝고 화창한 날씨가 사람을 편안하게 하고, 흐린 날씨가 사람을 침울하게 하는 것처럼 술은 사람이 험난한 장애물을 넘고 어려움을 헤쳐나갈 수 있도록 도와준다. 고집이 세고 강퍅한 사람도 술을 마시면 온화하고 인자해지고, 유약한 사람도 술을 마시면 관대하고 격앙된다.

술은 사람으로 하여금 왕공을 멸시하고, 처첩을 희롱하게 하며, 익살과 유머가 끊이지 않지만 술잔을 기울이는 것은 여전히 자유롭다. 식견과 도량이 높아지고, 풍정과 격조가 아름다워지면 충분히 다시 순박한 풍조로 돌아가고, 비천하고 옹졸한 마음을 없앨 수 있다. 어찌 이 뿐일까?

≪시경≫에 이르기를, "밤낮으로 공무에 힘쓰며(유박)", "어찌 술 마시기를 즐거워하겠는가(어조)", "큰 국자로 술을 부어(행위)", "취하지 않으면 돌아가지 않네(담로)" 라고 하였으니 임금과 신하가 함께 모여 술을 마시는 화목하고 즐거운 분위기가 악곡을 통해 전해졌지만, 이것으로는 태평성대의 번영을 나타내기에 부족하다.

백성들이 휴식을 취하고, 일상생활에서 먹고 마시는 것

이 부족함이 없고, 축관과 사관들이 할 일이 없어지고, 심지어 신령들도 취하여 태평한 모습을 보이는 것이야말로 지극한 덕의 시대라고 할 수 있다.

술은 이처럼 엄청난 효능을 가지고 있으니 설령 유령의 송주덕문과 백거이의 송주공시가 있더라도 충분히 형용할 수 없을 것이다. 술의 오묘함은 너무나 심오하여 힘써 찾지 않으면 그 의미를 발굴할 수 없고, 술 빚는 기법은 너무나 정밀하고 미묘하여 술의 삼매경을 이해하지 못하면 술을 잘 빚을 수 없다.

昔唐逸人追術焦革酒法，立祠配享，又采自古以來善酒者以為'譜'。雖其書脫略、卑陋、聞者垂涎，酣適之士口誦而心醉，非酒之董狐，其孰能為之哉？昔人有齋中酒、廳事酒、猥酒，雖匀以麴蘖為之，而有聖有賢，清濁不同。≪周官·酒正≫："以式法授酒材"，"辨五齊之名"，"三酒之物",歲終"以酒式誅賞"。≪月令≫："乃命大酋，音"縮"，大酋，酒官之長也。秫稻必齊，麴蘖必時，湛饎必潔，水泉必香，陶器必良，火齊必得。六者盡善；更得醯漿，則酒人之事過半矣。≪周官·漿人≫："掌共王之六飲：水、漿、醴、涼、醫、酏，人於酒府。而漿最為先。

【번역】

옛날 당나라 초기의 왕적이 초혁의 양조법을 추술하고, 또한 두강을 위해 사당을 짓고 초혁을 배향했으며, 또 옛날부터 술을 잘 빚는 사람들의 경험을 채록하여 ≪주보≫를 썼다. 비록 ≪주보≫가 소략하고 거칠지만, 이 책에 대해 듣는 사람들은 모두 침을 흘리며 갖고 싶어 했고, 술을 즐겨 마시는 사람은 더욱 입으로 외우고 마음으로 생각하며 이미 취했다. 술의 양사(良史)가 아니라면 누가 이런 책을 쓸 수 있었겠는가?

옛사람들은 술에 대해 "재중주", "청사주", "외주"라는 칭호를 붙였는데, 비록 모두 누룩으로 빚었지만 또 성품과 현품의 구분이 있었으니 맑고 탁함이 달랐기 때문이다. ≪주례 · 천관 · 주정≫에서 이르기를 "술을 맡은 관리는 조주법에 의거하여 주재를 발급하고", "오제지명을 분별하고", "삼주지물을 분별하며", 연말에 "또한 조주법에 의거하여 우수한 자에게 상을 주고, 불량한 자에게 벌을 준다."라고 하였다.

≪예기 · 월령≫에서 이르기를 "대추에게 명하니, '축'으로 발음한다. 대추는 술을 맡은 관리이다. 술을 빚을 때 찰수수와 멥쌀은 반드시 정선해야 하고, 누룩 제작은 반드시 시기에 맞춰야 하며, 쌀을 담그고 찌는 작업은 반드시 깨끗하게 유지해야 하고, 샘물은 반드시 맑고 향기로워야 하

며, 도기는 반드시 품질이 우수해야 하고, 찌는 과정에서 불 조절은 반드시 적절해야 한다." 라고 하였다.

이상 여섯 가지를 겸하고, 또 술을 얻으면 조주를 담당하는 사람의 일은 절반 이상 완료된다. ≪주례 · 천관 · 장인≫에서 이르기를 "장인은 왕실의 물, 술, 단술, 청량음료, 의, 추 여섯 가지 음료를 관장하며, 주부에 보관한다." 라고 하였다. 그 중 술이 가장 중요하다.

古語有之："空桑穢飯，醞以稷麥，以成醇醪。酒之始也。" ≪說文≫："酒自謂之餕。" 餕者，壞飯也。餕者，老也。飯老即壞，飯不壞則酒不甜。又曰；"烏梅，女麥完胡板切。甜醹九投，澄清百品，酒之終也。" 麴之於黍，猶鉛之於汞，陰陽相製，變化自然。≪春秋緯≫曰："麥，陰也；黍，陽也。先漬麴而投黍，是陽得陰而沸。" 後世麴有用藥者，所以治疾也。麴用豆亦佳。神農氏：赤小豆飲汁，愈酒病。酒有熱，得豆為良，但硬薄少蘊藉耳。

【번역】

옛말에 이르기를, "텅 빈 뽕나무 줄기에 남은 밥을 붓고 기장쌀과 섞어 함께 발효시키면 술이 되니, 이것이 술의 시작이다." 라고 하였다. ≪설문해자(說文解字)≫에 이르기를, "흰 술을 산(酸)이라 한다." 라고 하였다. 산(酸)은 상한 밥을 말하며, 산(酸)은 또한 오래 되었다는 뜻을 지니고 있다. 밥이 오래되면 상하게 되고, 밥이 상하지 않으면 술이 달지 않다.

≪주경(酒經)≫에 또 이르기를, "오매(烏梅)와 여환(女麥完胡板切) 국(麴)으로 여러 번 덧술하고 여과하여 여러 번 맑게 걸러내야 술이 완성된다." 라고 하였다. 술 누룩과 기장쌀의 관계는 납과 수은과 같아서 음양이 서로 호응하여 자연스럽게 변화한다. ≪춘추위(春秋緯)≫에 이르기를 "맥(麥)은 음성(陰性)에 속하고, 서(黍)는 양성(陽性)에 속한다. 먼저 맥(麥)을 담가 두었다가 서(黍)를 넣으면 음양이 서로 어우러져 융합된다." 라고 하였다.

후세에는 약재로 누룩을 만드는 경우가 있는데, 이는 질병을 치료하기 위해서이다. 콩으로 누룩을 만들어도 괜찮다. 신농씨(神農氏)는 붉은 팥즙을 마시면 주병(酒病)을 치료할 수 있다고 하였다. 술은 성질이 뜨거우므로 콩을 넣으면 좀 나아지지만, 술맛이 강하고 가벼우며 뒷 여운이 부족해진다.

古者玄酒在室，醴酒在戶，醍酒在堂，澄酒在下。而酒以醇厚為上。飲家須察黍性陳新，天氣冷暖。春夏及黍性新軟，則先湯平聲。而後米，酒人謂之倒湯去聲。

秋冬及黍性陳硬，則先米而後湯，酒人謂之“正湯”。醞釀須酴米偷酸，≪說文≫：“酴，酒母也。酴音途。”投醹偷甜。浙人不善偷酸，所以酒熟入灰；北人不善偷甜，所以飮多令人膈上懊憹。桓公所謂“青州從事”、平原督郵”者，此也。

【번역】

옛날에는 현주(玄酒)는 방 안에, 예주(醴酒)는 문간에, 제주(醍酒)는 마루에, 맑은 술은 마루 아래에 두었다. 술은 맛이 순후한 것을 으뜸으로 여기므로 술을 빚을 때는 반드시 기장쌀이 새것인지 묵은 것인지, 날씨가 추운지 따뜻한지를 살펴야 한다.

봄과 여름에는 기장쌀이 신선하고 부드러우므로 먼저 끓인 물(평성)을 붓고 나중에 쌀을 넣는데, 술 빚는 사람들은 이를 “도탕(倒湯)”(거성)이라고 한다. 가을과 겨울에는 기장쌀이 묵고 딱딱하므로 먼저 쌀을 넣고 나중에 끓인 물을 부어야 하는데, 술 빚는 사람들은 이를 “정탕(正湯)”이라고 한다.

술을 빚을 때 기장쌀을 발효시키는 것은 신맛을 내기 위함이며, ≪설문해자(說文解字)≫에는 “도(酴)는 술밑이다.” 라고 하였다. 도(酴)는 도(途)로 발음한다. 술을 한 번 빚고 또 빚는 것은 단맛을 내기 위함이다. 절강 사람들은 신맛을 잘 내지 못하므로 술이 익으면 석회를 넣고, 북쪽 사람들은 단맛을 잘 내지 못하므로 그들이 빚은 술을 많이 마시면 가슴이 답답해진다. 예전에 환온(桓溫)의 주부가 “청주종사(青州從事)”와 “평원독우(平原督郵)”를 비유로 든 것은 바로 이 두 종류의 술을 가리킨다.

酒甘易釀，味辛難醞。≪釋名≫：“酒者，酉也。”酉者，陰中也，酉用事而為收。收者，甘也。卯用事而為散。散者，辛也。酒之名，以甘辛為義。金木間隔，以土為媒。自酸之甘，自甘之辛，而酒成焉。酴米所以要酸，投醹所以要甜。所謂以土之甘，合木作酸；以木之酸，合水作辛，然後知投者所以作辛也。≪說文≫：“投者，再釀也。” 張華有“九醞酒”，≪齊民要術 · 桑落酒≫：“有六七投者。” 酒以投多為善。要在麴力相及。酉暴酒所以有韻者，亦以其再投故也。過度亦多術，尤忌見日，若太陽出，即酒多不中。後魏賈思勰辨以夜半蒸炊，昧旦下釀，所謂以陰製陽，其義如此。著水無多少，拌和黍麥，以勻為度。張籍詩“釀酒愛幹和”即今人“不入定酒”也，晉人謂之“幹榨酒”。大抵用水隨其湯去聲，黍之大小斟酌之，若投多，水寬亦不妨。要之，米力勝於麴，曲力勝於水，即善矣。

【번역】

단맛이 나는 술은 빚기 쉽고, 매운맛이 나는 술은 빚기 어렵다. ≪석명(釋名)≫에서 말하기를 "술(酒)은 유(酉)이다." 라고 하였다. 유(酉)는 음력 7, 8월을 가리키며, 이때 술을 빚으면 술의 성질이 수렴된다. 수렴되면 빚은 술이 달다. 묘시(卯時)에 술을 빚으면 술의 성질이 발산된다. 발산되면 빚은 술이 맵다.

술을 빚는 요점은 어떻게 단맛을 매운맛으로 전환하는가에 있다. 금(金)과 목(木)이 서로 떨어져 있으면 토(土)가 매개체가 된다. 신맛에서 단맛으로, 다시 단맛에서 매운맛으로 변하면 술이 빚어진다. 이것이 술밑은 신맛을 내고, 덧술로 단맛을 내는 이치이다. 토(土)의 단맛으로 목(木)을 합하여 신맛을 만들고, 목(木)의 신맛으로 수(水)를 합하여 매운맛을 만든다. 이로써 재양(再釀)하는 것은 매운맛을 얻기 위한 것임을 알 수 있다.

≪설문해자(說文解字)≫에서 말하기를, "투(投)는 재양(再釀)이다." 라고 하였다. 장화(張華)는 "구온주(九醞酒)" 라는 이름의 아름다운 술을 만들었고, ≪제민요술(齊民要術)·상락주(桑落酒)≫에서는 "술을 재양하는 횟수가 여섯, 일곱 번에 이른다." 라고 하였다. 술은 재양 횟수가 많을수록 좋으며, 중요한 것은 술밑의 힘이 밥 재료를 충분히 발효시킬 수 있어야 한다는 것이다.

暴酒(폭주) 술 맛이 순후한 것은 끊임없이 재양(再釀)한 결과이다. 그러나 재양에도 요령이 있으며, 특히 햇볕을 쬐는 것을 피해야 한다. 만약 햇볕에 쬐면 술이 제대로 빚어지지 않을 가능성이 크다. 후위(後魏)의 가사협(賈思勰)도 한밤중에 쪄서 새벽에 날이 밝기 전에 술밑을 넣는 것을 주장했는데, 이는 음(陰)으로 양(陽)을 제압한다는 의미이다. 술을 빚을 때 물을 얼마나 넣든 기장과 보리를 섞는 것은 고르게 하는 것을 기준으로 해야 한다.

장적(張籍)의 시에 나오는 "양주애건화(釀酒愛幹和)"는 지금 사람들이 말하는 "정주(定酒)를 넣지 않는다"와 같으며, 진(晉)나라 사람들은 이를 "건착주(幹榨酒)" 라고 불렀다. 일반적으로 술 빚는 물은 탕(湯)의 거성(去聲)에 따라 기장의 양을 적절히 조절해야 한다. 밥 재료를 많이 넣으면 물을 좀 더 넣어도 괜찮다. 요컨대, 쌀의 힘이 술밑의 힘보다 크고, 술밑의 힘이 물의 힘보다 커야 좋은 술이 빚어진다.

北人不用酵，祇用刷案水，謂之"信水"。然"信水"非酵也，酒人以此體候冷暖爾。凡醞不用酵即酒難發，醅來遲則腳不正。祇用正發，酒醅最良。不然，則掉取醅面，絞令稍幹，和以麴蘗，掛於衡茅，謂之"幹酵"

用酵四時不同，寒即多用，溫即減之。酒入冬月用酵緊，用麴少；夏日用麴多，用酵緩。天氣極熱，置甕於深屋；冬月溫室，多用氈毯圍繞之。≪語林≫雲：“抱甕冬醪。”言冬月釀酒，令人抱甕，速成而味好。大抵冬月蓋覆，即陽氣在內，而酒不凍；夏月閉藏，即陰氣在內，而酒不動。非深得卯酉出入之義，孰能知此哉？

【번역】

북쪽 사람들은 술을 빚을 때 때때로 효모를 사용하지 않고 다만 도마를 씻는 데 쓰는 물만 사용하며, 이를 “신수(信水)” 라고 부른다. 그러나 “신수”는 효모와 같지 않으며, 술 빚는 사람들은 이를 이용하여 날씨의 춥고 따뜻함을 살필 뿐이다.

술을 빚을 때 효모를 사용하지 않으면 술이 발효되지 않고, 술덧이 늦게 끓는 것은 술밑이 바르지 않기 때문이다. 바르게 발효된 술밑을 사용하는 것이 가장 좋다. 그렇지 않으면 배면(醅面)을 꺼내어 물기를 살짝 짜내고 누룩과 섞어 형문초옥(衡門草屋) 아래에 매달아 말리는데, 이를 “건효(幹酵)” 라고 부른다.

술 빚는 데 사용하는 효모의 양은 사계절에 따라 다르며, 추울 때는 사용량을 늘리고, 따뜻할 때는 사용량을 줄인다. 겨울에 술을 빚을 때는 효모를 많이 사용하고, 누룩을 적게 사용하며, 여름에 술을 빚을 때는 누룩을 많이 사용하고, 효모를 적게 사용한다. 날씨가 매우 더울 때는 술독을 깊숙한 방의 서늘한 곳에 두고, 겨울에는 실내 온도를 높여 펠트 담요로 술독을 많이 둘러싼다.

≪어림(語林)≫에 이르기를 "옹(甕)을 안고 겨울 술을 빚는다." 라고 하였는데, 이는 겨울에 술을 빚을 때 사람들이 술독을 안아 술이 빨리 빚어지고, 맛이 좋아진다는 것을 말한다. 대략적으로 말하자면, 겨울에 술독을 덮어두면 독 안의 양기(陽氣)가 새어 나가지 않아 술이 얼지 않고, 여름에 술독을 깊숙한 방 안에 닫아두면 독 안의 음기(陰氣)가 새어 나가지 않아 술맛이 변하지 않는다. 만약 묘유(卯酉) 출입의 이치를 깊이 이해하지 못한다면 누가 술 빚는 데 이렇게 많은 오묘함이 있다는 것을 알겠는가?

於戲！酒之梗概，曲盡於此。若夫心手之用，不傳文字，固有父子一法而氣味不同，一手自釀而色澤殊絕，此雖酒人亦不能自知也。

【번역】

아! 술에 대한 대략적인 내용은 여기에 모두 적었다. 술 빚는 기법은 마음과 손 사이에서 이루어지는 것이라 글로다 전하기 어렵고, 비록 부자지간에 같은 방법으로 술을 빚더라도 맛과 향이 다를 수 있으며, 한 사람이 빚더라도 색과 광택이 완전히 다를 수 있다. 이는 비록 술 빚는 사람이라 할지라도 스스로 알 수 없는 부분이다.

- 권중(卷中) -

總 論

凡法麴，於六月三伏中踏造。先造峭汁，每甕用甜水三石五㪷，蒼耳一百斤，蛇麻，辣蓼各二十斤，剉碎、爛搗、入甕內，同煎五七日，天陰至十日。用盆蓋覆，每日用把子攪兩次，濾去滓，以和麵。此法本為造麴多處設，要之，不若取自然汁為佳。若祇進三五百斤麵，取上三物爛搗，入井花水，裂取自然汁，則酒味辛辣。內法酒庫杏仁麴，止是用杏仁研取汁，即酒味醇甜。麴用香藥，大抵辛香發散而已.每片可重一斤四兩，幹時可得一斤。直須實踏，若虛則不中。

(번역문)

[총 론]

일반적으로 누룩은 음력 6월 삼복 때 제작한다. 먼저 초즙(峭汁)을 만드는데, 항아리마다 단물 3석 5두, 도꼬마리 100근, 사상자, 여뀌 각 20근을 잘게 썰어 짓이겨 항아리에 넣고 5~7일 동안 함께 달이며, 흐린 날에는 10일까지 달인다. 뚜껑을 덮고 매일 2번씩 긁개로 저어 찌꺼기를 걸러내고 밀가루와 섞는다.

이 방법은 원래 많은 양의 누룩을 만드는 곳을 위해 마련된 것이지만, 요컨대 자연즙을 사용하는 것이 더 좋다. 만약 밀가루 300~500근만 사용한다면 도꼬마리, 사상자, 여뀌를 짓이겨 이른 아침에 처음 길어 올린 우물물에 넣고 자연즙을 짜내면 술맛이 더 맵고 얼얼하다.

내법주고의 행인국은 오직 살구씨를 갈아 즙을 내어 사용하므로 술맛이 더욱 순하고 달다. 누룩은 향약으로 만드는데, 대개는 신향의 발산을 위한 것이다. 누룩 한 개는 1근 4량의 무게가 나가고, 말리면 1근이 된다. 누룩은 반드시 밟아 단단하게 만들어야 하며, 엉성하면 품질을 보장할 수 없다.

造麯水多則糖心，水脈不匀則心內青黑色；傷熱則心紅，傷冷則發不透而體重。惟是體輕，心內黃白，或上面有花衣，乃是好麯。自踏造日為始，約一月餘日出場子，且於當風處井欄垜起，更候十餘日打開，心內無濕處，方於日中曝幹，侯冷，乃收之。收麯要高燥處，不得近地氣及陰潤屋舍，盛貯仍防蟲鼠、穢汙。四十九日後方可用。

(번역문)

누룩을 만들 때 물을 많이 사용하면 당심(糖心)이 생기고, 수분이 고르지 않으면 누룩 속이 푸르거나 검게 변한다. 너무 뜨거우면 누룩 속이 붉게 변하고, 너무 차가우면 누룩이 제대로 발효되지 않아 무거워진다. 누룩이 가볍고 속이 노랗거나 하얗고, 표면에 화의(花衣)가 있는 것만이 좋은 누룩이다.

누룩을 만들기 시작한 날부터 약 한 달 정도 지나면 누룩을 꺼내어 바람이 잘 통하는 우물 난간에 쌓아두고, 열흘 정도 더 기다렸다가 누룩 속이 습하지 않은 것을 확인한 후 햇볕에 말리고 식혀서 보관한다. 누룩은 높고 건조한 곳에 보관해야 하며, 습하거나 그늘진 집은 피해야 한다. 또한 벌레, 쥐, 더러운 오물 등을 막아야 하며, 49일 후에야 사용할 수 있다.

頓遞祠祭麴

小麥一石，磨白麵六十斤，分作兩栲栳，使道人頭、蛇麻、花水共七升，拌和似麥飯，入下項藥：

白術 二兩半，川芎 一兩，白附子 半兩，瓜蒂 一字，本香 一錢半

以上藥搗羅為細末，匀在六十斤麵內。

道人頭 十六斤，蛇麻 八斤， 一名辣母藤

以上草揀擇、剉碎、爛搗，用大盆盛新汲水浸，攪拌似藍澱水濃為度，祇收一鬥四升，將前面拌和令匀。

右件藥麵拌時須幹濕得所，不可貪水，“握得聚、撲得散”，是其訣也。便用粗篩隔過，所貴不作塊，按令實，用厚復蓋之。令暖三四時辰，水脈匀，或經宿，夜氣留潤亦佳。方入模子，用布包裹實踏。仍預治淨室，無風處安排下場子。先用板隔地氣，下鋪麥麩約一尺浮，上鋪箔，箔上鋪麴，看遠近用草人子為契，音至。上用麥麩蓋之；又鋪箔，箔上又鋪麴，依前鋪蓋麩，四面用麥麩紮實風道，上面更以黃蒿稀壓定。須一日兩次覷步體當，發得緊慢。傷熱則心紅，傷冷則體

重。若發得熱，周遭麥麩微濕，則減去上面蓋者麥麩、並取去四面紮塞，令透風氣，約三兩時辰，或半日許，依前蓋覆。若發得太熱，即再蓋，減麥麩令薄。如冷不發，即添麥麩，厚蓋催趁之。約發十餘日以來，將麩側起，兩兩相對，再如前罨之，蘸瓦日足，然後出草。去聲。立曰蘸，側曰瓦。

(번역문)

[돈체사제국]

밀 한 섬을 갈아 흰 밀가루 60근을 만들고, 두 개의 고로에 나눈다. 도인두, 사상자, 정화수를 합하여 7승을 넣고 밀밥처럼 만든 후 다음 약재를 넣는다. :

백출 2냥 반, 전궁 1량, 백부자 반 량, 과체 1개, 목향 1돈 반

위 약재를 빻아 체로 쳐서 고운 가루로 만들어 60근의 흰 밀가루에 골고루 섞는다. 도인두 16근, 사상자 8근, 일명 랄모 등

위 약재를 약간 손질하여 빻아 짓이겨 큰 대야에 새로 길어온 물을 담아 담그고, 침전되기 전의 진한 쪽람액(식물염료)처럼 될 때까지 저어준 후 1두 4승의 즙액만 거두어 60근의 밀가루에 넣고 골고루 섞는다. 위에 언급된 약재와 밀가루를 섞을 때는 건습 정도를 적절히 조절해야 하며,

물을 너무 많이 넣으면 안 된다.

"쥐었을 때 뭉쳐지고, 털었을 때 흩어지는" 것이 반드시 지켜야 할 요령이다. 굵은 체로 쳐서 덩어리가 지지 않도록 하는 것이 중요하다. 손으로 눌러 약재 가루를 단단하게 만들고, 두꺼운 것으로 덮어 가루를 따뜻하게 보온한다. 3~4시진(6~8시간) 정도 보온하면 수분이 고르게 퍼지고, 하룻밤이 지나 밤의 습기를 머금게 하는 것도 좋다.

이렇게 만든 가루를 틀에 넣고 천으로 감싸 단단히 밟는다. 그런 다음 깨끗한 방을 준비하고 바람이 없는 곳에 놓을 자리를 마련한다. 먼저 판자로 땅의 습기를 막고 밀기울을 약 1자 높이로 깔고, 그 위에 발을 놓고 발 위에 누룩을 놓는다. 멀고 가까운 거리를 보면서 짚으로 만든 인형으로 표식을 한다.

놓아둔 누룩 위에 밀기울을 덮고 다시 발을 놓고, 발 위에 다시 누룩을 놓고 이전과 같이 밀기울을 덮고 사방을 밀기울로 단단히 막아 바람길을 막고, 위에는 쑥을 듬성듬성 덮어 고정한다. 하루에 두 번씩 누룩 발효 상태를 자세히 살펴야 한다.

누룩 속이 너무 뜨거우면 붉게 변하고, 너무 차가우면 발효가 제대로 되지 않아 무거워진다. 만약 너무 뜨거우면 주변 밀기울이 약간 축축해지므로 위에 덮은 밀기울을 줄이고, 사방을 막은 밀기울을 치워 누룩에 바람이 통하게 한다. 약 2～3시진(4～6시간) 또는 반나절 정도 후에 이전과 같이 덮는다.

만약 여전히 너무 뜨거우면 덮은 밀기울을 더 줄여 얇게 한다. 만약 온도가 낮아 누룩이 발효되지 않으면 밀기울을 더 두껍게 덮어 발효를 촉진한다. 약 10여 일 정도 발효가 진행되면 누룩을 옆으로 세워 두 개씩 서로 기대게 하고, 이전과 같이 덮는다. 누룩을 세워서 놓든 옆으로 눕혀 놓든 시간이 충분히 지나면 완성품이 나온다. 세워서 놓은 것을 "첨(蘸)"이라 하고, 옆으로 놓은 것을 "와(瓦)"라 한다.

香泉麴

白麵一百斤，分作三分，共使下項藥：

川芎 七兩，白附子 半兩，白術 三兩半，瓜蒂 一錢

以上藥共搗羅為末，用馬尾羅篩過，亦分作三分，與前項麵一處拌和令匀。每一分用井水八升，其踏罨與“頓遞祠祭法”同。

(번역문)

[향천국]

흰 밀가루 100근을 세 부분으로 나누고, 다음 약재를 함께 넣는다.:

천궁 7량, 백부자 반 량, 백출 3량 반, 과체 1돈

위 약재를 함께 빻아 체로 쳐서 고운 가루로 만들고, 말총체로 다시 걸러 세 부분으로 나누어 세 부분의 흰 밀가루와 함께 골고루 섞는다. 각 부분마다 정화수 8승을 사용하고 밟아 덮는 방법은 “돈체사제법”과 동일하다.

香桂麴

每麵一百斤，分作五處。
木香 一兩，官桂 一兩，防風 一兩，道人頭 一兩，白術 一兩
杏仁 一兩，去皮尖細研

右件為末，將藥亦分作五處，拌入麵中。次用蒼耳二十斤，蛇麻一十五斤，擇淨剉碎，人石臼搗爛，入新汲井花水二㪷，一處揉，如藍相似，取汁兩㪷四升。每一分使汁四升七合，竹篋落內，一處拌和。其踏罨與“頓遞祠祭法”同。

(번역문)

[향계국]

밀가루 100근을 다섯 부분으로 나눈다.
목향 1량, 관계 1량, 방풍 1량, 도인두 1량, 백출 1량,
행인 1량(껍질과 끝부분을 제거하고 곱게 간다.)

위 약재를 곱게 가루로 만들어 다섯 부분으로 나누어 밀가루에 섞는다. 다음으로 창이자 20근, 사상자 15근을

깨끗하게 손질하여 잘게 썰어 돌절구에 넣고 찧어 으깬 후 새로 길어 올린 정화수 2두를 넣고, 쪽람(식물염료)과 비슷하게 될 때까지 주물러 즙 2두 4승을 얻는다. 각 부분마다 즙 4승 7합을 대나무 채반에 넣고 밀가루와 함께 골고루 섞는다. 밟아 덮는 방법은 "돈체사제법"과 동일하다.

杏仁麴

每面一百斤，使杏仁十二兩，去皮尖，湯浸於砂盆內，研爛如乳酷相似。用冷熟水二鬥四升，浸杏仁為汁，分作五處拌麵。其踏罨與“頓速祠祭法”同。

(번역문)

[행인국]

밀가루 100근마다 살구씨 12량을 사용하여 껍질과 끝부분을 제거하고, 돌절구에 뜨거운 물로 담가 우유처럼 으깬다. 식힌 물 2두 4승으로 살구씨 즙을 내어 다섯 부분으로 나누어 밀가루와 섞는다. 밟아 덮는 방법은 “돈체사제법”과 동일하다.

- 이상 엄곡(罨麴) -

瑤泉麴

白麵六十斤，上甑蒸。糯米粉四十斤。一鬥米粉秤得六斤半。已上粉面先拌令勻，次入下項藥：

白術 一兩，防風 半兩，白附子 半兩，官桂 二兩，瓜蒂 一錢，檳榔 半兩，胡椒 一兩，桂花 半兩，丁香 半兩，人參 一兩，天南星 半兩，茯苓 一兩，香白芷 一兩，川芎 一兩，肉豆蔻 一兩

右件藥並為細末，與粉、麵拌和訖，再入杏仁三斤，去皮尖，磨細，入井花水一鬥八升，調勻，旋灑於前項粉麵內，拌勻；復用粗篩隔過，實踏，用桑葉裹盛於紙袋中，用繩系定，即時掛起，不得積下，仍單行懸之二七日，去桑葉。祇是紙袋，兩月可收。

(번역문)

[요천국]

흰 밀가루 60근을 시루에 넣고 쪄서 익히고, 찹쌀가루 40근과 쌀가루 1두(6근 반)를 섞는다. 위의 찹쌀가루와 흰 밀가루를 먼저 잘 섞은 후 다음 약재를 넣는다. :

백출 1량, 방풍 반 량, 백부자 반 량, 관계 2량, 과체 1돈, 빈랑 반 량, 후추 1량, 계화 반 량, 정향 반 량, 인삼 1량, 천남성 반 량, 복령 1량, 향백지 1량, 천궁 1량, 육두구 1량

위 약재를 함께 곱게 가루로 만들어 밀가루, 찹쌀가루와 섞은 후 살구씨 3근을 껍질과 끝부분을 제거하고 곱게 갈아 넣고, 정화수 1두 8승을 넣고 골고루 섞은 후 즉시 밀가루, 찹쌀가루에 뿌려 골고루 섞는다.

다시 굵은 체로 걸러 단단하게 밟아 다진 후 뽕잎으로 감싸 종이봉투에 담아 끈으로 묶어 즉시 쌓아두지 않고 매달아 놓는다. 2~7일 동안 한 줄로 매달아 놓은 후 뽕잎을 제거하고, 종이봉투만 남겨두고 두 달 후에 거두어들인다.

金波麴

木香 三兩, 川芎 六兩, 白術 九兩, 白附子 半斤, 官桂 七兩, 防風 二兩, 黑附子 二兩, 炮去皮 瓜蒂 半兩

右件藥都擣羅為末, 每料用糯米粉、白麵共三百斤, 使上件藥拌和, 令勻。更用杏仁二斤, 去皮尖, 入砂盆內爛研, 濾去滓。然後用水蓼一斤、道人頭半斤、蛇麻一斤, 同擣爛, 以新汲水五鬥揉取濃汁, 和搜入盆內, 以手拌勻, 於淨席上堆放如法。蓋覆一宿, 次日早晨用模踏造, 堆實為妙。踏成, 用穀葉裹盛在紙袋中, 掛閣透風處半月, 去穀葉。只置於紙袋中, 兩月方可用。

(번역문)

[금파국]

목향 3량, 천궁 6량, 백출 9량, 백부자 반 근, 관계 7량, 방풍 2량, 흑부자 2량(불에 구워 껍질 제거), 과체 반 량

위의 약재를 모두 빻아 체로 쳐서 가루로 만들고, 이

재료에 찹쌀가루와 흰 밀가루를 합쳐 300근을 사용하여 위의 약재를 섞어 고르게 한다. 다시 살구씨 2근을 껍질과 끝부분을 제거하고, 돌절구에 넣어 짓이겨 찌꺼기를 걸러 버린다.

그런 다음 물여뀌 1근, 도인두 반 근, 사상자 1근을 함께 짓이겨 새로 길어 올린 우물물 5두로 진한 즙을 짜내어 대야에 함께 넣고, 손으로 고르게 섞은 후 요구사항에 따라 깨끗한 돗자리에 쌓아 놓는다.

하룻밤 덮어두고 다음 날 아침 일찍 틀로 밟아 누룩을 만드는데, 누룩을 단단하게 다지는 것이 좋다. 누룩을 만든 후 곡엽으로 감싸 종이봉투에 담아 바람이 잘 통하는 곳에 매달아 놓고, 반달 후에 곡엽을 제거하고 종이봉투에만 넣어 두 달 동안 말린 후에 사용할 수 있다.

滑臺麴

白麵一百斤，糯米粉一百斤。

以上粉面先拌和令匀，次入下項藥：

白術 四兩，官桂 二兩，胡椒 二兩，川芎 二兩，白芷 二兩，天南星 一兩，瓜蒂 半兩，杏仁 二斤，溫湯浸去皮尖，更冷水淘三兩遍用，入砂盒內研，旋入井花水，取濃汁二鬥。

右件搗羅為細末，將粉麵並藥一處拌和，令匀。然後將杏仁汁旋灑於前項粉麵內拌揉，亦須幹濕得所，“握相聚，撲得散”，即用粗篩隔過，於淨席上堆放如法。蓋三四時辰，候水脈匀，入模子內，實踏，用刀子分為四片，逐片印“風”字訖，用紙袋子包裹，掛無日透風處四十九日。踏下，便入紙袋盛掛起，不得積下。掛時相離著，不得廝還，恐熱不透風。每一石米，用麴一百二十兩。隔年陳麴有力，祇可使十兩。

(번역문)

[활대국]

흰 밀가루 100근, 찹쌀가루 100근

위의 밀가루와 찹쌀가루를 먼저 골고루 섞은 후 다음 약재를 넣는다. :

백출 4량, 관계 2량, 후추 2량, 천궁 2량, 백지 2량, 천남성 1량, 과체 반량, 살구씨 2근(따뜻한 물에 담가 껍질과 끝부분을 제거하고 찬물로 세 번 정도 헹군 후 돌절구에 갈아 정화수를 넣고 진한 즙 2두를 얻는다.)

위의 약재를 빻아 체로 쳐서 고운 가루로 만들고 찹쌀가루, 흰 밀가루와 약재를 동시에 섞어 고르게 한다. 그런 다음 살구씨 즙을 즉시 찹쌀가루, 흰 밀가루에 뿌려 반죽하는데, 건습의 정도를 적절히 조절해야 한다.

"쥐었을 때 뭉쳐지고, 털었을 때 흩어지는" 상태가 되어야 하며, 굵은 체로 걸러 요구사항에 따라 깨끗한 돗자리에 쌓아 놓는다. 약 3~4시진(6~8시간)간 정도 지나 수분이 고르게 퍼지면 틀에 넣어 단단하게 다지고, 칼로 네 조각으로 나눈 후 각 조각에 "풍(風)"자를 새기고, 종이봉투에 싸서 바람이 잘 통하는 그늘에 49일 동안 매달아 놓는다.

누룩을 밟아 다진 후에는 즉시 종이봉투에 넣어 매달아 놓고 쌓아두지 않는다. 산열이 안 될까 걱정되니 누룩을 매달아 놓을 때는 간격을 두고 서로 겹치지 않게 한다. 쌀 1석당 누룩 120량을 사용한다. 묵은 누룩은 효력이 강하므로 10량만 사용해야 한다.

豆花麴

白麵 五㪷，赤豆 七升，杏仁 三兩，川烏頭 三兩，官桂 二兩，麥蘖 四兩，焙幹。

右除豆、麵外，並為細末，卻用蒼耳、辣蓼、勒母藤三味，各一大握，搗取濃汁，浸豆。一伏時漉出豆，蒸以糜爛為度。豆須是煮爛成沙、控幹放冷方堪用；若煮不爛，即造酒出，有豆腥氣。卻將浸豆汁煎數沸，別頓放，候蒸豆熟，放冷，搜和白麵並藥末，硬軟得所,帶軟為佳；如硬，更入少浸豆汁。緊踏作片子，祇用紙裹，以麻皮寬縛定，掛透風處四十日，取出曝幹，即可用。須先露五七夜後，七八月以後方可使。每㪷用六兩，隔年者用四兩，此麴謂之“錯著水”。李都尉玉漿乃用此麴，但不用蒼耳、辣蓼、勒母藤三種耳。又一法：祇用三種草汁浸米一夕，搗粉。每㪷爛煮赤豆三升，入白麵九斤，拌和，踏，桑葉裹，入紙袋，當風掛之，即不用香藥耳。

(번역문)

[두화국]

흰 밀가루 5두, 붉은 팥 7승, 살구씨 3량, 천오두 3량, 관계 2량, 맥아 4량(약한 불로 굽는다)

위의 여러 곡물 재료 중 붉은 팥과 흰 밀가루를 제외한 나머지는 모두 곱게 가루로 만들고 창이자, 매운 여뀌, 넉마 등 세 가지를 각각 한 움큼씩 넣어 찧어낸 진한 즙에 붉은 팥을 담근다. 한나절 동안 담가 두었다가 붉은 팥을 걸러내어 푹 익을 때까지 찐다.

붉은 팥은 반드시 푹 익혀 모래처럼 부스러져야 하며, 물기를 짜서 식혀야 사용할 수 있다. 만약 팥이 덜 익으면 술에서 팥 비린내가 난다. 팥을 담근 즙을 여러 번 끓여 따로 보관한다. 찐 붉은 팥이 푹 익혀 식힌 후 흰 밀가루와 약재 가루를 섞어 되기를 조절하는데, 약간 질척한 것이 좋다.

만약 반죽이 너무 되면 붉은 팥 담근 즙을 조금 더 넣는다. 단단하게 밟아 조각을 만들고, 종이로만 싸서 삼 껍질로 느슨하게 묶어 바람이 잘 통하는 곳에 40일 동안 매달아 놓았다가 꺼내어 햇볕에 말리면 바로 사용할 수 있다. 반드시 5~7일 밤 동안 이슬을 맞힌 후에 7~8월 이후에 사용해야 한다.

매 1두당 6량을 사용하고 묵은 것은 4량을 사용한다. 이러한 누룩을 “착착수(錯著水)” 라고 한다. 이도위가 만든 옥장은 이 누룩을 사용하지만 창이자, 매운 여뀌, 넉마 등 세 가지는 사용하지 않는다.

또 다른 방법은 세 가지 장즙으로 찹쌀을 하룻밤 담가 가루로 만드는 것이다. 매 1두당 푹 익힌 붉은 팥 3승과 흰 밀가루 9근을 넣어 반죽하여 밟고 뽕잎으로 싸서 종이 봉투에 넣어 바람이 잘 통하는 곳에 매달아 놓으면 향약은 사용하지 않아도 된다.

- 이상 풍곡(風麴) -

玉友麴

辣蓼、勒母藤、蒼耳各二斤，青蒿、桑葉各減半，並取近上稍嫩者，用石臼爛搗，布絞取自然汁。更以杏仁百粒，去皮尖，細研入汁內。先將糯米揀簸一鬥，急淘淨，控極幹，為細粉，更曬令幹，以藥汁逐旋，匀灑，拌和，於濕得所。幹濕不可過，以意量度。摶成餅子，以舊麴末逐個為衣，各排在篩子內，於不透風處淨室內，先鋪幹草，一方用青蒿鋪蓋。厚三寸許，安篩子在上，更以草厚四寸許覆之。覆時須匀，不可令有厚薄。一兩日間，不住以手探之。候餅子上稍熱、仍有白衣，即去覆者草。明日取出，通風處安桌子上，須稍幹，旋旋逐個揭之，令離篩子。更數日，以籃子懸通風處，一月可用。罨餅子須熟透，又不可過候，此為最難。未幹，見日即裂。夏日造，易蛀，唯八月可備一秋及來春之用。自四月至九月可釀，九月後寒，即不發。

(번역문)

[옥우국]

매운 여뀌, 넉마등, 창이자 각 2근, 청호, 뽕잎은 절반으로 줄이고, 청호와 뽕잎의 약간 연한 가지와 잎을 채취하여 돌절구에 짓찧고 천으로 짜서 자연 즙을 얻는다. 다시 살구씨 100개를 껍질과 끝부분을 제거하고 곱게 갈아 즙에 넣는다.

먼저 찹쌀을 골라 체로 쳐서 1두를 급히 씻고, 물기를 완전히 제거하여 고운 가루로 만들고, 다시 햇볕에 말린 후 약즙을 조금씩 고르게 뿌려 반죽하는데, 건습함의 정도를 적절히 조절해야 한다. 너무 건조하거나 습하면 안 되며, 적당한 정도로 조절해야 한다.

떡 모양으로 뭉쳐서 옛 누룩가루로 하나씩 옷을 입히고, 각각 체에 담아 바람이 통하지 않는 깨끗한 방에 먼저 마른 장을 깔고, 한쪽에는 청호로 덮는다. 두께는 3치 정도가 되도록 하고, 체를 그 위에 놓고 다시 장을 4치 정도 두께로 덮는다. 덮을 때는 장을 고르게 펴야 하며, 두께가 고르지 않으면 안 된다.

하루나 이틀 동안 계속 손으로 만져본다. 떡이 약간 따뜻해지고 흰 가루가 생기면 덮은 장을 즉시 제거한다. 다음날 떡을 꺼내어 바람이 잘 통하는 탁자 위에 놓고 약간 마르면 체에서 하나씩 떼어낸다. 며칠 후 떡을 담은 바구니를 바람이 잘 통하는 곳에 매달아 놓으면 한 달 후에 사용할 수 있다.

떡을 덮을 때는 충분히 익혀야 하지만 너무 오래 두어도 안 된다. 이것이 가장 어렵다. 떡이 덜 마른 상태에서 햇볕을 쬐면 갈라진다. 여름에 만들면 벌레가 생기기 쉬우므로 8월에 만들어 가을과 다음 해 봄에 사용할 수 있도록 해야 한다. 4월부터 9월까지 빚을 수 있으며, 9월 이후에는 추워서 발효되지 않는다.

白醪麴

粳米 三升，糯米 一升，淨淘洗為細粉。

川芎 一兩，峽椒 一兩，為末。

麴母末一兩，與米粉、花未等拌勻。

蓼葉 一束，桑葉 一把，蒼耳葉 一把。

右爛搗，入新汲水，破，令得所濾汁，拌米粉，無令濕，撚成團，須是緊實。更以麴母遍身糝過為衣。以穀殼、樹葉鋪底，仍蓋。一宿，候白衣上，揭去。更候五七日，曬幹，以籃盛，掛風頭。每鬥三兩，過半年以後，即使二兩半。

(번역문)

[백료국]

멥쌀 3승, 찹쌀 1승을 깨끗하게 씻어 고운 가루로 만들고, 천궁 1량, 협초 1량을 가루로 만든다. 좋은 누룩가루 1량을 쌀가루, 약재 가루 등과 함께 골고루 섞는다.

여뀌 잎 한 묶음, 뽕잎 한 묶음, 창이자 잎 한 묶음.

위 재료를 함께 짓찧는다. 새로 길어 올린 우물물에 넣고 으깨어 걸러낸 즙을 얻어 쌀가루에 섞는데, 너무 습하지 않도록 해야 한다. 단단하게 뭉쳐 덩어리를 만들고, 다시 좋은 누룩을 온몸에 뿌려 옷을 입힌다. 곡식 잎과 나뭇잎을 바닥에 깔고 덮는다.

하룻밤 지나 흰 가루가 생기면 덮개를 벗기고 다시 5~7일 동안 말린다. 말린 누룩을 바구니에 담아 바람이 잘 통하는 곳에 매달아 놓는다. 매 1두당 3량을 사용하고, 말린 누룩을 반년 이상 보관하면 2량 반만 사용하면 된다.

小酒麴

每糯米一鬥，作粉，用蓼汁和勻。次入肉桂、甘草、杏仁、川烏頭、川芎、生薑，與杏仁同研汁，各用一分作餅子。用穰草蓋，勿令見風。熱透後，番依“玉友罨法”出場，當風懸之。每造酒一鬥用四兩。

(번역문)

[소주곡]

찹쌀 1두를 곱게 가루로 만들고, 여뀌 즙으로 골고루 반죽한 다음 육계, 감초, 목향, 천오두, 천궁, 생강을 넣고 살구씨와 함께 갈아 즙을 내어 여러 부분으로 나누어 떡 모양으로 만든다. 짚으로 덮고 바람을 쐬지 않도록 한다. 열이 충분히 거쳐 뒤집는 등 모든 과정을 “옥우엄법”에 따라 진행하고, 바람을 쐬며 매달아 놓는다. 매 술 1두당 4량의 누룩을 사용한다.

真一麴

上等白麵一鬥，以生薑五兩，研取汁，灑拌揉和。依常法起酵，作蒸餅，切作片子，掛透風處，一月輕幹可用。

(번역문)

[진일국]

최급 흰 밀가루 1두를 생강 5량으로 즙을 내어 흰 밀가루에 뿌려 반죽한다. 일반적인 방법으로 발효시켜 증병을 만들고, 조각으로 잘라 바람이 잘 통하는 곳에 한 달 동안 매달아 말려 가볍게 말린 후 사용할 수 있다.

蓮子麴

糯米二鬥，淘淨，少時蒸飯，攤了。先用麵三鬥，細切生薑半斤如豆大，和麵，微炒令黃。放冷，隔宿，亦攤之。候飯溫，拌令匀，勿令作塊。放蘆席上攤，以蒿草罨，作黃子，勿令黃子黑。但白衣上，即去草番轉，更半日，將日影中曬幹，入紙袋盛，掛在梁上風吹。

(번역문)

[연자국]

찹쌀 2두말을 깨끗하게 씻어 밥을 지어 펼쳐 놓는다. 밥 짓는 시간을 너무 길게 하지 않는다. 먼저 밀가루 3두에 생강 반 근을 콩알 크기로 잘게 썰어 넣고, 밀가루와 함께 살짝 볶아 노랗게 만든 후 식혀서 하룻밤 동안 펼쳐 놓는다.

밥이 따뜻하게 식으면 골고루 섞어 덩어리가 지지 않도록 한다. 갈대 돗자리 위에 펼쳐 놓고 쑥으로 덮어 황자(黃子)가 생기기를 기다리는데, 황자가 검게 변하지 않도록 주의한다.

흰 가루가 생기면 쑥을 제거하고, 반나절 동안 뒤집어 햇볕에 말린 후 종이 봉투에 담아 대들보에 매달아 바람을 쐬어 말린다.

– 이상 폭곡(暴麴) –

-권하(卷下)-

臥漿

今人都不復用，酒絕忌酸，乃以酸漿湯米。何也？又以水與薑、蔥解之，尤為不韻。

六月三伏時，用小麥一鬥，煮粥為腳，日間懸胎蓋，夜間實蓋之。逐日浸熱麵漿，或飲湯，不妨給用，但不得犯生水。造酒最在漿，其漿不可才酸便用，須是味重。酴米偷酸全在於漿。大法：漿不酸即不可醞酒。蓋造酒以漿為祖：無漿處，或以水解醋，入等煎，謂之“合新漿”。若用已曾浸米漿，以水解之，入薑、蔥等煎，謂之“傳舊漿”，今人呼為“酒漿”是也。酒漿多，漿臭而無香辣之味。以此知，須是六月三伏時造下漿，免用酒漿也。酒漿寒涼時猶可用，溫熱時即須用臥漿。寒時如臥漿闕絕，不得已，亦須且合新漿用也。

(번역문)

[와장(침장)]

지금 사람들은 더 이상 사용하지 않는다. 술은 신맛을 극도로 싫어하는데 어찌하여 신맛이 나는 탕으로 쌀을 담그는가? 또 물과 생강, 파로 맛을 내는 것은 더욱 어울리지 않는다.

음력 6월 삼복더위 때 밀 한 말을 준비하여 죽을 끓여 항아리에 넣어 술밑을 만든다. 낮에는 뚜껑을 완전히 덮지 않고 밤에는 단단히 덮는다. 매일 따뜻한 밀가루 풀을 붓고, 때로는 마시는 탕을 사용해도 괜찮지만 익히지 않은 생수는 닿지 않도록 한다.

술을 빚는 핵심은 산장(酸漿)에 있지만 산장이 막 시어지기 시작했을 때 사용해서는 안 되고, 신맛이 강해질 때까지 기다려야 한다. 쌀에서 신맛을 내는 것도 전적으로 산장에 달려 있다. 기본 규칙은 산장이 시지 않으면 술을 빚을 수 없다는 것이다. 아마도 술을 빚는 데는 산장이 첫 번째 필수 조건이기 때문일 것이다.

산장이 부족한 경우 때로는 물로 식초를 희석하고 파, 후추 등을 넣어 함께 끓여 "합신장"이라고 부른다. 이미 쌀을 담갔던 산장을 사용하는 경우 물로 희석한 후 파, 후추 등을 넣어 함께 끓여 "전구장"이라고 부르는데, 이것이 오늘날 사람들이 "주장(酒漿)"이라고 부르는 것이다.

주장은 구린내가 강하고, 향긋하고 매운 맛은 부족하므로 6월 삼복더위에 산장을 만들어야 이런 "주장"을 사용하는 것을 피할 수 있다는 것을 알 수 있다. 주장은 날씨가 추울 때는 사용할 수 있지만 날씨가 따뜻할 때는 반드시 "와장"을 사용해야 한다. 날씨가 추울 때 "와장"이 다 떨어지면 어쩔 수 없이 "합신장"을 사용해야 한다.

淘米

造酒治糯為先，須令揀擇。不可有粳米。若旋揀實為費力，要須自種糯穀，即全無粳米，免更揀擇，古人種秫蓋為此。凡米，不從淘中取淨，從揀擇中取淨。緣水衹去得塵土，不能去砂石、鼠糞之類。要須旋舂、簸，令潔白，走水一淘，大忌久浸。蓋揀簸既淨，則淘數少而漿入。但先傾米入籮，約度添水，用把子靠定籮唇，取力直下，不住手急打斡，使水米運轉，自然匀淨，才水清即住。如此，則米已潔淨，亦無陳氣。仍須隔宿淘控，方始可用。蓋控得極幹，即漿入而易酸，此為大法。

(번역문)

[도미(쌀 씻기)]

술을 빚을 때 찹쌀을 준비하는 것이 가장 중요한 일이다. 찹쌀은 반드시 선별 과정을 거쳐야 하며, 멥쌀이 섞여서는 안 된다. 만약 씻는 과정에서 선별한다면 너무 많은 힘이 들기 때문에 직접 찹쌀을 재배하는 것이 가장 좋고, 그러면 멥쌀이 전혀 없어 다시 선별할 필요가 없다. 옛날 사람들이 가을에 찰수수를 심었던 이유도 아마 여기에 있을 것이다.

쌀의 깨끗함은 씻는 것에만 의존할 수 없고, 선별하는 것에 의존해야 한다. 왜냐하면 물은 먼지만 씻어낼 수 있고 모래나 돌, 쥐똥 같은 것들은 씻어낼 수 없기 때문이다. 중요한 것은 항상 봄에 쌀을 찧고 동시에 선별하여 깨끗하고 하얗게 만들고 다시 물로 빠르게 씻는 것이며, 오랫동안 담가두는 것은 가장 피해야 할 일이다.

아마도 선별 과정을 거친 후에는 찹쌀이 이미 기본적으로 깨끗해졌으므로 몇 번만 씻으면 산장에 넣을 수 있을 것이다. 먼저 쌀을 채반에 붓고 쌀의 양에 따라 적절히 물을 넣은 다음 막대기를 채반 가장자리에 단단히 고정하고 힘을 주어 바닥까지 넣고, 원을 그리며 빠르게 계속 저어 물이 쌀을 회전시키도록 하면 쌀은 자연스럽게 완전히 깨끗해진다.

물이 막 맑아지면 젓는 것을 멈춘다. 이렇게 하면 쌀은 이미 매우 깨끗하고 묵은 냄새도 없지만, 하룻밤 동안 물기를 빼서 없어야 사용할 수 있다. 아마도 쌀의 물기를 매우 잘 빼야 산장에 넣었을 때 쉽게 시어질 것이고, 이것이 가장 기본적인 규칙이다.

煎漿

假令米一石，用臥漿水一石五鬥。臥漿者，夏月所造酸漿也，非用已曾浸米酒漿也。仍須仔細刷洗鍋器三四遍。先煎三四沸，以笊籬漉去白沫，更候一兩沸，然後入蔥一大握，祠祭以薤代蔥。椒一兩，油二兩，麵一盞。以漿半碗調麵，打成薄水，同煎六七沸，煎時不住手攪，不攪則有偏沸及有焞著處，蔥熟即便漉去薑、蔥等。如漿酸，亦須約分數以水解之；漿味淡，即更入釅醋。要之，湯米漿以酸美為十分，若用九分味酸者，則每漿九鬥，入水一鬥解之，餘皆仿此。寒時用九分至八分，溫涼時用六分至七分，熱時用五分至四分。大凡漿要四時改破，冬漿濃而涎，春漿清而涎，夏不用苦涎，秋漿如春漿。造酒看漿是大事，古諺雲："看米不如看曲，看曲不如看酒，看酒不如看漿。"

(번역문)

[전 장]

만약 쌀 1석(石)이 있다면 와장수(臥漿水) 1석 5두(㪷)를 사용한다. 와장은 여름에 만든 산장수(酸漿水)로 이미 쌀을 담갔던 주장(酒漿)이 아니다. 먼저 전장을 끓일 솥을 꼼꼼하게 3~4번 닦아야 한다. 먼저 3~4번 끓어오를 때까지 끓인 다음 채반으로 흰 거품을 걷어내고, 1~2번 끓어오른 후 파 한 줌을 넣고 제사 지낼 때 사용하는 술은 파 대신 염교를 넣고 후추 1냥(兩), 기름 2냥, 밀가루 한 잔을 넣는다.

이 밀가루는 별도로 산장 반 그릇으로 개어 묽은 풀처럼 만든 다음 함께 6~7번 끓어오를 때까지 끓인다. 끓일 때 계속 저어주어야 하며, 젓지 않으면 끓어오르는 것이 고르지 않고 눌어붙는 곳이 생긴다. 파가 익으면 파, 후추 등의 양념을 걸러낸다. 장수(漿水)가 너무 시면 비율에 따라 물로 희석하고, 장수(漿水) 맛이 너무 싱거우면 진한 식초를 더 넣는다.

요약하자면, 쌀을 담는 장수(漿水)는 좋은 신맛을 10점 만점으로 한다. 만약 9점 신맛 산장을 사용한다면 장수(漿水) 9두(㪷)마다 물 1두를 넣어 희석하고, 나머지는 모두 이 비율을 따른다. 추운 날씨에는 9점~8점 장수(漿水)를 사용하는 것이 좋고, 서늘한 날씨에는 6점~7점 장수(漿水)을 사용하는 것이 좋으며, 더운 날씨에는 5점~4점 장수(漿水)을 사용하는 것이 좋다.

대략 사계절에 따라 맛을 조절해야 하며, 겨울 장수(漿水)는 진하고 끈적하며, 봄 장수(漿水)은 맑고 끈적하며, 여름 장수(漿水)는 쓴맛이 강하여 잘 사용하지 않고, 가을 장수(漿水)는 봄 장수(漿水)와 같다. 술을 빚을 때 장수(漿水)에 신경 쓰는 것은 매우 중요한 일이다.

옛 속담에 "쌀에 신경 쓰는 것은 누룩에 신경 쓰는 것만 못하고, 누룩에 신경 쓰는 것은 술에 신경 쓰는 것만 못하고, 술에 신경 쓰는 것은 장수(漿水)에 신경 쓰는 것만 못하다" 라고 했다.

湯米

一石甕埋入地一尺，先用湯湯甕，然後拗漿，逐旋入甕．不可一併入生甕，恐損甕器。便用棹篦攪出大氣，然後下米。米新即“倒湯”，米陳即“正湯”。湯字，去聲切。“倒揚”者，坐漿湯米也；“正湯”者，先傾米在甕內，傾漿入也。其湯須接續傾入，不住手攪。湯太熱則米爛成塊；湯熳即湯去聲切。不倒而米澀。但漿酸而米淡，寧可熱，不可冷。冷即湯米不酸，兼無涎，亦須看時候及米性新陳。春間用插手湯，夏間用宜似熱湯，秋間即魚眼湯，比插手差熱。冬間須用沸湯。若冬月卻用溫湯，則漿水力慢，不能發脫；夏月若用熱湯，則數水力緊，湯損亦不能發脫。所貴四時漿水溫熱得所。

(번역문)

[탕미(쌀 담그기)]

돌항아리 하나를 땅에 1척 깊이로 묻는다. 먼저 뜨거운 물로 돌항아리를 데운 다음 장수(漿水)를 떠서 빙글빙글 돌려가며 항아리에 넣는다. 데우지 않은 새 항아리에 한 번에 부으면 항아리가 손상될 수 있으므로 피해야 한다. 이어서 나무 주걱으로 휘저어 신맛이 올라오면 쌀을 넣는다. 햅쌀이면 "도탕(倒湯)"을 사용하고, 묵은쌀이면 "정탕(正湯)"을 사용한다. "탕" 자는 거성(去聲)으로 발음한다.

도탕은 쌀을 미리 준비한 장수(漿水)에 바로 담그는 것이고, 정탕은 쌀을 먼저 항아리에 넣고 장수(漿水)를 부어 담그는 것이다. 탕을 부을 때는 계속해서 부어야 하며, 옆에서 손으로 계속 저어주어야 한다. 탕이 너무 뜨거우면 쌀이 뭉개져 덩어리가 되고, 탕 온도가 낮으면 속도가 느려 쌀이 떫어지고, 장만 시고 쌀은 싱거워진다. 그러므로 가능한 뜨겁게 하는 것이 좋고, 차갑게 하는 것은 좋지 않으며, 온도가 낮으면 담근 쌀이 시어지지 않고, 끈적한 액체도 생기지 않는다.

물론 쌀을 담그는 시기와 쌀의 신선도도 고려해야 한다. 봄에는 손을 담글 수 있을 정도로 따뜻한 탕을 사용하고, 여름에는 약간 따뜻한 탕을 사용하며, 가을에는 손을 담글 수 있을 정도로 따뜻한 탕보다 약간 더 뜨거운 "어안탕(魚眼湯)"을 사용하고, 겨울에는 반드시 끓는 탕을 사용해야 한다.

겨울에 따뜻한 탕만 사용하면 장수(漿水)의 힘이 약해 쌀이 부드럽게 시어지지 않고, 여름에 뜨거운 탕을 사용하면 장수(漿水)의 힘이 너무 강해 쌀을 담그는 과정에 손상되어 쌀이 부드럽게 시어지지 않는다. 쌀을 담금에 중요한 것은 장수 온도를 계절에 따라 적절해야 한다는 데 있다.

湯米時，逐旋傾湯，接續入甕，急令二人用棹篦連底抹起三五百下，米滑及顏色光粲乃止。如米未滑，於合用湯數外，更加湯數鬥湯之不妨，祇以米滑為度。須是連底攪轉，不得停手。若攪少，非特湯米不滑，兼上面一重米湯破、下麵米湯不勻，有如爛粥相似。直候米滑漿溫即住手，以席薦圍蓋之，令有暖氣，不令透氣。夏月亦蓋，但不須厚爾。如早辰湯米，晚間又攪一遍；晚間湯米，來早又復再攪。每攪不下一二百轉。次日再入湯，又攪，謂之"接湯"。"接湯"後漸漸發起泡沫，如魚眼、蝦跳之類。大約三日後，必醋矣。

尋常湯米後，第二日生漿泡，如水上浮漚；第三日生漿衣，寒時如餅，暖時稍薄。第四日便嘗，若已酸美有涎，即先以笊籬抹去漿面，以手連底攪轉，令米粒相離，恐有結米，蒸時成塊，氣難透也。夏月祇隔宿可用，春間兩日，冬間三宿。

(번역문)

탕미를 할 때에는 옹기 주변을 돌면서 끊임없이 탕을 부어 넣어야 하며, 즉시 두 사람이 나무 주걱으로 바닥에서 위로 300～500번 휘저어 쌀알이 매끄럽고 색깔이 윤택해질 때까지 멈추지 않아야 한다. 쌀이 여전히 매끄럽지 않다면 일반적인 탕 사용량 외에 몇 두(㪷)를 더 넣어 담가야 한다. 따라서 쌀이 매끄러운 것을 기준으로 하는 것이 좋다.

탕미를 할 때에는 바닥까지 뒤집어 저어야 하며, 멈추지 않아야 한다. 충분히 젓지 않으면 담근 쌀이 매끄럽지 않을 뿐만 아니라 윗부분의 쌀은 깨지고, 아랫부분의 쌀은 탕에 녹아들지 않아 마치 죽과 같은 상태가 된다. 쌀이 매끄럽고 장수(漿水)가 따뜻해지면 저어주는 것을 멈춰야 한다. 그런 다음 짚자리로 옹기를 둘러싸서 보온하고 공기가 통하지 않도록 한다.

여름에도 덮어야 하지만 너무 두껍게 덮을 필요는 없다. 아침에 탕미를 했다면 저녁에 다시 한 번 저어주고, 저녁에 탕미를 했다면 다음날 아침에 다시 저어주어야 한다. 매번 100～200번 이상 저어준다. 다음날 다시 뜨거운 탕을 넣고 저어주는 것을 "접탕(接湯)"이라고 한다. "접탕" 후 점차 거품이 생기는데, 이른바 "어안(魚眼)"이나 "하조(蝦跳)"와 같으며, 약 3일 후에는 반드시 시어진다.

일반적으로 탕미 후 둘째 날에는 물 위에 떠오르는 거품과 같은 장 거품이 생기고, 셋째 날에는 표면에 장 막이 생기는데, 장 막은 날씨가 추울 때는 떡처럼 두껍고, 날씨가 따뜻할 때는 약간 얇다. 넷째 날에는 맛을 볼 수 있다.

이미 매우 시고 맛있으며 끈적한 액체가 생겼다면 먼저 채반으로 장 표면의 막을 걷어낸 다음 손으로 바닥에서 뒤집어 저어 쌀알이 서로 분리되도록 하여 덩어리가 지지 않도록 한다. 밥을 찔 때 덩어리가 진 쌀이 있으면 찌기가 매우 어렵다. 여름에는 탕미한 쌀을 하룻밤만 지나면 사용할 수 있고, 봄에는 이틀, 겨울에는 사흘 밤을 묵혀야 한다.

要之，須候漿如牛涎，米心酸，用手一撚便碎，巴人蒸米，先以大器盛沸湯，俟米熟，即從甑傾入沸湯中，應時米透，一撚便碎，何事煩瑣乃爾。然後漉出，亦不可拘日數也。惟夏月漿米熱後，經四五宿漸漸淡薄，謂之“倒了”。蓋夏月熱後，發過罨損。況漿味自有死活，若漿面有花衣浡，白色明快涎黏，米粒圓明鬆利，嚼著味酸，甕內溫暖，乃是漿活；若無花沫，漿碧色、不明快，米嚼碎不酸、或有氣息，甕內冷，乃是漿死，蓋是湯時不活絡。善知此者，嘗米不嘗漿；不知此者，嘗漿不嘗米。大抵米酸則無事於漿。漿死卻須杓盡擎出元漿，入鍋重煎、再湯，緊慢比前來減三分，謂之“接漿”。依前蓋了，當宿即醋。或祇擎撇出元漿，不用漉出米，以新水衝過，出卻惡氣。上甑炊時，別煎好酸漿，潑泲，下脚亦得，要之，不若“接漿”為愈。然亦在看天氣寒溫，隨時體當。

(번역문)

결론적으로 장이 소의 타액처럼 끈적해지고, 쌀알의 심까지 충분히 시어져 손으로 으깨면 부서질 때 걸러내며, 구체적인 담금 시간에 얽매일 필요는 없다. 여름철 장과 쌀이 뜨거워진 후 4～5일이 지나면 점차 묽어지고 신맛이 약해지는데, 이를 “넘어졌다(倒了)” 라고 한다. 이는 여름철 뜨거워진 후 온도가 너무 높아 발효가 지나치게 진행되기 때문일 수 있다.

더욱이 장은 “생(生)”과 “사(死)”의 구분이 있는데, 장 표면에 꽃무늬 균사체가 있고, 솟아오르는 기포 색깔이 밝고 희며, 장이 끈적하고 쌀알이 둥글고 부드러우며, 씹으면 신맛이 나고, 항아리 안이 따뜻하면 살아있는 장이다. 장 표면에 꽃무늬 기포가 없고, 장이 푸른빛을 띠며, 색깔이 선명하지 않고, 쌀을 씹으면 부서지지만 신맛이 없거나 약간 신맛이 나더라도 항아리 안이 매우 차가우면 죽은 장이다.

장이 죽는 이유는 탕미할 때 융통성을 발휘하지 못했기 때문일 수 있다. 이 이치를 아는 사람은 탕미 효과를 확인할 때 징을 맛보지 않고 쌀을 맛보고, 이 이치를 모르는 사람은 쌀을 맛보지 않고 장을 맛본다.

대략 쌀이 시어지면 장의 역할은 거의 끝난 것이지만, 장이 죽으면 반드시 국자로 원래 장을 모두 퍼내어 솥에 넣고 다시 끓여 쌀을 다시 담가야 하는데, 그 효과는 이전 장보다 약간 떨어지며, 이러한 방법을 "접장(接漿)" 이라고 한다.

탕미 후 이전 방법대로 덮어두면 그날 밤에 바로 시어진다. 또는 장이 죽으면 원래 장만 퍼내고 쌀을 걸러내어 새 물로 한 번 씻어 붙어있는 나쁜 냄새를 제거한다. 밥을 찔 때 별도로 좋은 신맛이 나는 장을 끓여 "파궤(潑饋)" 하여 술밑을 만들 수도 있지만 "접장" 만큼 좋지는 않다. 하지만 어떻게 하든 날씨의 춥고 따뜻함에 따라 어떤 방법을 사용할지 결정해야 한다.

蒸醋糜

欲蒸糜，隔日漉出漿衣，出米置淋甕，滴盡水脈，以手試之，入手散籟籟地便堪蒸。若濕時，即有結糜。先取合使潑糜漿以水解，依四時定分數。依前入蔥、椒等同煎，用蓖不住攪，令匀佛。若不攪，則有偏沸及焞竈釜處，多致鐵腥。漿香熟，別用盆甕內，放冷，下腳使用，一面添水燒竈，安甑單勿令偏側。若刷釜不淨，置單偏側或破損，並氣未上，便裝篩，漏下生米。及竈內湯太滿，可八分滿。則多致湯溢出衝單，氣直上突酒，人謂之“甑達”，則糜有生熟不匀。急傾少生油入釜，其沸自止。須候釜沸氣上，將控幹酸米，逐旋以杓，輕手續續，趁氣撇裝，勿令壓實。一石米約作三次裝，一層氣透又上一層。每一次上米用炊帚掠撥周回上下，生米在氣出處，直候氣匀，無生米，掠撥不動；更看氣緊慢，不匀處用米鍬子撥開慢處，擁在緊處，謂之“撥溜”。

若箄子周遭氣小，須從外撥來向上，如鏊背相似。時復用氣杖子試之，紮處若實，即是氣流；紮處若虛，必有生米。即用杴子翻起、撥匀，候氣圓。用木拍或席蓋之。更候大氣上，以手拍之，如不黏手，權住火，即用鍬子攪斡盤摺，將煎下冷漿二㪷，隨棹灑撥，每一石米，湯用冷漿二㪷，如要醇濃，即少用水饙，酒自然稠厚。便用棹篦拍擊，令米心匀破成糜。緣漿米既已浸透，又更蒸熟，所以棹篦拍著，便見皮折心破，裹外皅爛成糜。再用木拍或席蓋之，微留少火，泣定水脈，即以餘漿洗案，令潔凈。出糜在案上攤開，令冷，翻梢一兩遍。腳糜若炊得稀薄如粥，即造酒尤醇。搜拌入麴，時卻縮水，勝如旋入別水也。四時並同。洗案、刷甕之類，並用熟漿，不得入生水。

(번역문)

[증초미]

미(糜)를 찌려면 하루 전에 장의(漿衣)를 걸러내고, 쌀을 장수(漿水)에서 건져내어 림옹(淋甕)에 담아 물기를 뺀다. 손으로 만져보아 쌀이 쉽게 흩어지면 찔 수 있다. 너무 축축하면 찐 밥에 덩어리가 생긴다. 살수할 장수는 미리 거르고, 물로 희석하는 비율은 계절에 따른다.

전에 장수를 끓이는 방법처럼 파, 후추 등을 넣고 함께 끓이면서 체로 계속 저어 골고루 끓게 한다. 젓지 않으면 끓는 정도가 고르지 않거나 냄비가 눌어붙어 쇠 비린내가

날 수 있다. 장수가 향긋하게 익으면 다른 그릇에 담아 식혀서 밥을 지을 때 사용한다.

한쪽에서는 물을 끓여 솥을 데우고, 시루와 시루 밑에 까는 헝겊을 놓되 똑바로 놓고 기울어지지 않게 한다. 솥을 깨끗이 닦지 않았거나 헝겊을 잘못 놓았거나 찢어졌거나 김이 올라오기 전에 쌀을 넣으면 익지 않은 쌀이 새어 나온다. 그리고 솥 안의 물이 너무 많아 8할 정도 차면 물이 넘쳐 헝겊에 닿는다.

김이 바로 위로 솟아올라 술 만드는 사람이 "증달(甑達)"이라고 부르는데, 그러면 찐 밥의 익는 정도가 고르지 않게 된다. 이때는 급히 솥에 생기름을 조금 부으면 심하게 끓는 것이 저절로 멈춘다. 솥 안의 물이 끓고 김이 올라오면 물기를 뺀 시큼한 쌀을 국자로 김에 맞춰 빙글빙글 돌려가며 지속해서 시루에 뿌려 넣되 너무 꽉 채우지 않도록 한다.

쌀 한 석(石)은 세 번에 나누어 넣고, 한 층의 쌀에서 김이 올라오면 다시 한 층을 올린다. 매번 쌀을 올릴 때마다 먼저 밥 짓는 솔로 주위의 익지 않은 쌀을 김이 나오는 곳으로 펴서 김이 고르게 나오고, 익지 않은 쌀이 없어 펴지지 않을 때까지 한다. 또한 김이 나오는 정도가 고르지 않은 곳이 보이면 "미매자(米枚子)"로 김이 약한 곳에서 김이 센 곳으로 모으는데, 이를 "발류(撥溜)"라고 한다.

시루 가장자리의 김이 약하면 솥뚜껑처럼 바깥쪽에서 위쪽으로 펴 솟두껑처럼 만든다. 때때로 “기장자(氣杖子)”로 찔러보고, 찔렀을 때 단단하면 김이 잘 통하는 것이고, 찔렀을 때 비어 있으면 익지 않은 쌀이 있는 것이니 즉시 “미매자”로 익지 않은 쌀을 뒤집어 고르게 펴주어 김이 고르게 통하면 나무방망이나 돗자리로 덮는다.

김이 충분히 올라오면 손으로 밥을 두드려 보아 묻어나지 않으면 잠시 불을 끄고 나무가래(枚子)로 밥을 뒤집어 섞는다. 끓여 식힌 장수(漿水) 두 말을 밥에 살수한다. 밥을 저으면서 찬 장수를 뿌리는데 쌀 한 석(石)에 찬 장수 두 말을 넣는네, 술을 진하고 걸쭉하게 만들려면 조금만 넣으면 술이 자연히 농후해진다.

이어서 나무가래(枚子)로 밥을 두드려 쌀알의 심이 고르게 부서져 죽처럼 되게 한다. 장수에 담근 쌀은 이미 충분히 스며들었고 다시 쪘기 때문에 나무가래로 두드리면 껍질이 벗겨지고, 심이 부서져 안팎으로 으깨져 죽처럼 되는 것을 볼 수 있다.

다시 나무방망이나 돗자리로 시루를 덮고 약한 불을 유지하며 물기가 마르도록 한다. 남은 장수로 상을 깨끗이 닦고 찐 밥을 상에 올려 펼쳐 식힌 후 바닥에서부터 한두 번 뒤집는다. 술밥이 죽처럼 묽게 쪄졌다면 술을 빚으면 특히 순후해진다.

누룩을 넣어 버무릴 때 넣는 다른 물이 적으므로 좋다. 사계절 모두 이렇다. 상을 닦고 항아리를 씻는 등의 작업에는 모두 끓인 장수를 사용해야 하며, 생수를 사용해서는 안 된다.

用麴

古法，先浸麴，發如魚眼湯。淨淘米，炊作飯，令極冷。以絹袋濾去曲滓，取曲汁於甕中，即投飯。近世不然，吹飯冷，同麴搜拌入甕。曲有陳新，陳麴力緊，每鬥米用十兩；新麴十二兩或十三兩。臘腳酒用麴宜重。大抵麴力勝則可存留，寒暑不能侵。米石百兩，是為氣平。十之上則苦，十之下則甘。要在隨人所嗜而增損之。

凡用麴，日曝夜露。≪齊民要術≫："夜乃不收，令受霜露。"須看風陰，恐雨潤故也。若急用，則麴幹亦可，不必露也。受霜露二十日許，彌令酒香。麴須極幹，若潤濕則酒惡矣。新麴未經百日，心未幹者，須擘破炕焙，未得便搗。須放隔宿，若不隔宿，謂先一日焙過，待火氣去，乃用之。則造酒定有炕麴氣。大約每鬥用麴八兩，須用小麴一兩，易發無失。善用小麴，雖煮酒，亦色白。今之玉友曲用二桑葉者是也。酒要辣，更於酘飯中入麴，放冷下，此要訣也。張進造供禦法酒，使兩色麴，每糯米一石，用"杏仁罨麴"六十兩、"香桂罨麴” 四十兩。一法：醞酒，罨麴，風麴各半，亦良法也。

四時麴粗細不同，春冬醞造日多，即搗作小塊子，如骰子或皂子大，則發斷有力而味醇醲；秋夏醞造日淺，則差細，欲其麴米早相見而就熟。要之，麴細則味甜美，麴租則硬辣；若粗細不匀，則發得不齊，酒味不定。大抵寒時化遲，不妨宜用粗麴；暖時麴欲得疾，發宜用細末。雖然，酒人亦不執。或醅緊，恐酒味太辣，則添入米一二鬥；若發得太慢，恐酒甜，即添麴三四斤。定酒味，全此時，亦無固必也。供禦祠祭用麴，並在酘米內盡用之，酘飯更不入麴。一法：將一半麴於酘飯內分，使氣味芳烈，卻須並為細末也。唯羔兒酒盡於腳飯內著麴，不可不知也。

(번역문)

[용국(누룩 사용법)]

옛날 방법은 먼저 누룩을 물에 담가 거품이 물고기 눈알 크기로 발효한다. 깨끗하게 씻은 쌀을 밥으로 지어 완전히 식힌다. 비단 주머니로 누룩 찌꺼기를 걸러내고 누룩즙을 항아리에 담아 식힌 밥을 넣는다.

근래에는 이렇게 하지 않고 밥을 식힌 후 즉시 누룩과 함께 버무려 항아리에 넣는다. 누룩은 묵은 것과 새 것이 있는데, 묵은 누룩은 힘이 강하여 매 쌀 1두당 10량을 사용하고, 새 누룩은 12량 또는 13량을 사용하며, 섣달에 빚는 술은 누룩을 많이 넣어야 한다.

대략 누룩의 힘이 강하면 오래 보관할 수 있고, 추위와 더위의 영향을 받지 않는다고 한다. 쌀 1석에 누룩 100량을 사용하는 것이 가장 적절하다. 매 쌀 10근에 누룩 10량 이상을 사용하면 술이 쓰고, 10량 이하면 술이 달다. 중요한 것은 사람들의 취향에 따라 누룩의 양을 늘리거나 줄이는 것이다. 무릇 누룩을 사용할 때는 낮에는 햇볕에 쬐고 밤에는 이슬을 맞혀야 한다.

≪제민요술≫에 이르기를 "누룩을 밤에 거두지 않는 것은 서리와 이슬을 맞히기 위함이다."라고 하였다. 그러나 바람이 불거나 흐린 날에는 거두어 비에 젖지 않도록 해야 한다. 급히 사용해야 할 경우에는 누룩이 마르면 바로 사용할 수 있으며, 반드시 서리와 이슬을 맞힐 필요는 없다. 누룩을 서리와 이슬에 20일 정도 맞히면 술이 더욱 향긋해진다.

누룩은 최대한 말려야 하며, 젖으면 술맛이 나빠진다. 새 누룩은 100일이 지나지 않아 누룩 속이 마르지 않았을 때는 쪼개어 말려야 하며, 바로 찧어서는 안 된다. 말린 누룩은 하룻밤 재워야 하며, 하룻밤 재우지 않으면 전날 말린 누룩은 화기가 빠지기를 기다렸다가 사용해야 한다. 그래야 술에서 말린 누룩 냄새가 나지 않는다.

대략 매 1두당 누룩 8량과 소곡 1량을 함께 사용해야 발효가 잘 된다. 소곡을 잘 사용하면 술을 끓여도 색깔이 희다. 지금의 옥우국 초재 2할 뽕잎을 사용하는 것도 바로 그 이유이다. 술이 매워지려면 신밥을 넣을 때 누룩을 넣는데, 밥을 식혀서 넣는 것이 비결이다.

장진이 임금에게 바치는 법주를 만들 때 두 종류의 누룩을 사용했는데, 찹쌀 1석당 "살구씨 엄곡" 60량과 "향계 엄곡" 40량을 사용했다. 또 다른 방법은 술을 빚을 때 "엄곡"과 "풍곡"을 반반씩 사용하는 것도 좋은 방법이다.

사계절 누룩의 굵기가 같지 않다. 봄과 겨울에 술을 빚을 때는 시간이 오래 걸리므로 주사위나 비누 크기만큼 작게 빻아 만들면 누룩이 발효가 잘 되고, 술맛이 진하고 좋다. 가을과 여름에 술을 빚을 때는 시간이 짧으므로 누룩을 더 잘게 빻아 곡과 쌀이 짧은 시간 안에 잘 섞여 익도록 해야 한다. 요컨대, 누룩이 가늘면 술맛이 달콤하고, 누룩이 굵으면 술맛이 세고 매콤하다. 누룩의 굵기가 고르지 않으면 발효가 고르게 이루어지지 않아 술맛이 일정하지 않다.

일반적으로 추울 때는 곡 발효가 느리므로 굵은 곡을 사용하는 것이 좋고, 따뜻할 때는 곡 발효가 빨라야 하므로 고운 가루를 사용하는 것이 좋다. 물론 술 빚는 사람도 항상 같은 방법만 고집하는 것은 아니다. 발효가 너무 빨라 술맛이 너무 매울까 걱정되면 쌀 한두 말을 더 넣고,

발효가 너무 느려 술이 달까 걱정되면 누룩 서너 근을 더 넣는다.

술맛의 맵고 단 정도를 결정하는 것은 바로 이때이며, 반드시 고정된 방법은 없다. 임금에게 진상하거나 제사에 사용하는 누룩은 모두 밥 재료에 넣고, 밥을 넣을 때는 더 이상 누룩을 넣지 않는다. 또 다른 방법은 누룩의 절반을 밥을 넣을 때 나누어 넣어 향긋하고 매콤한 맛을 내는 것인데, 반드시 곱게 간 곡을 사용해야 한다. 양고기 술을 빚을 때는 밥 재료에 모든 곡을 한꺼번에 넣어야 하는데, 이것은 반드시 알아야 한다.

合酵

北人造酒不用酵，然冬月天寒，酒難得發，多攧了。所以要取醅面，正發醅為酵最妙。其法：用酒甕正發醅，撇取面上浮米糝，控幹，用麴末拌，令濕匀，透風陰幹，謂之“幹酵”。

凡造酒時，於漿來中先取一升已來，用本漿煮成粥，放冷，冬月微溫，用“幹酵”一合、曲末一斤，攪拌令匀，放暖處，候次日搜飯時，入釀飯甕中同拌。大約申時欲搜飯，須早辰先發下酵，直候酵來多時，發過方可用。蓋酵才來，未有力也。酵肥為來，酵塌可用。又況用酵四時不同，須是體襯天氣，天寒用湯發，天熱用水發．不在用酵多少也。不然，只取正發酒醅二三杓拌和尤捷，酒人謂之“傳醅”，免用酵也。

(번역문)

[합 효]

북쪽 사람들은 술을 빚을 때 효모를 사용하지 않는다. 하지만 겨울철에는 날씨가 추워 술밥이 발효되기 어려워 실패하는 경우가 많다. 따라서 잘 발효된 술덧 표면의 효모를 사용하는 것이 가장 좋다.

그 방법은 술독에서 발효 중인 술덧의 표면에 떠 있는 쌀알을 건어내어 물기를 빼고, 고운 누룩가루와 섞어 골고루 촉촉하게 만든 다음 바람이 잘 통하는 그늘에 말리는 것을 "건효모(幹酵)" 라고 한다.

술을 빚을 때 담근 물에서 먼저 씰을 한 되(升) 정도를 떠서 원래의 물로 죽을 끓여 식히는데, 겨울에는 약간 따뜻하게 한다. 여기에 건효모 한 홉(合)과 누룩가루 한 근(斤)을 넣어 골고루 섞어 따뜻한 곳에 두었다가 다음날 술밥을 버무릴 때 술밥 독에 넣어 함께 버무린다.

대략 신시(申時)에 술밥을 버무릴 예정이라면 아침 일찍 효모를 넣어 효모가 충분히 발효될 때까지 기다렸다가 사용해야 한다. 이는 아마도 막 발효를 시작했을 때는 효모의 힘이 부족하기 때문일 것이다. 효모가 충분히 끓을 때 발효가 시작임을 알 수 있고, 한동안 발효된 후 가라앉았을 때 사용하는 것이 가장 적절하다.

또한 사계절 효모를 사용하는 방법이 다르므로 날씨 변화를 살펴야 한다. 추운 날씨에는 따뜻한 물을 사용하고, 더운 날씨에는 상온수를 사용하며, 효모의 양은 중요하지 않다. 그렇지 않고 발효 중인 술덧 두세 순갈을 떠서 술밥과 버무리면 발효가 매우 빨라진다. 술 빚는 사람들은 이 방법을 "전배(傳醅)" 라고 하며, 별도로 효모를 사용할 필요가 없다.

酴米

酴米，酒母也。人謂之“腳飯”。

蒸米成糜，策在案上，頻頻翻，不可令上幹而下濕。大要，在體襯天氣。溫涼時放微冷，熱時令極冷，寒時如人體。金波法：一石糜用麥蘗四兩，炒，令冷，麥蘗咬盡米粒，酒乃醇濃。糝在糜上，然後入麴酵一處，古人兼用麴蘗，但期米爛耳。眾手揉之，務令麴與糜勻。若糜稠硬，即旋入少冷漿同揉。亦在隨時相度。大率搜糜，祇要拌得麴與糜勻足矣，亦不須搜如糕糜。京醖京師醖。搜得不見麴飯，所以太甜。麴不須極細，麴細則甜美；麴粗則硬辣；粗細不等，則發得不齊，酒味不定。大抵寒時化遲，不妨宜用粗麴，可骰子大；暖時宜用細末，欲得疾發。大約每一鬥米使大麴八兩、小麴一兩，易發無失，並於腳飯內下之。不得旋入生麴，雖三酘酒，亦盡於腳飯中下。計算斤兩搜拌麴糜勻，即般入甕。甕底先糝麴末，更留四五兩麴蓋面。將糜逐段排垛，用手緊按甕邊四畔，拍令實。中心剜作坑子，入刷案上麴永三升或五升已來，微溫，入在坑中。並潑在醅面上，以為信水。

大凡醞造，須是五更初下手，不令見日，此過度法也。下時東方未明要了，若太陽出，即酒多不中。一伏時歇，開甕，如滲信水不盡，便添薦席圍裹之。如泣盡信水，發得匀，即用把子攪動，依前蓋之，頻頻揩汗。三日後用手捺破頭尾，緊即連底，掩攪令匀；若更緊，即便摘開，分減入別甕，貴不發過。一面炊甜米，便酘、不可隔宿，恐發過無力，酒人謂之“摘脚”。脚緊多由糜熱，大約兩三日後必動，如信水滲盡醅面，當心夯起有裂紋，多者十餘條，少者五七條，即是發緊，須使分減。

大抵冬月醅脚厚，不妨，夏月醅脚要薄。如信水未幹，醅面不裂，即是發慢，須更添席薦圍裹。候一二日，如尚未發，每醅一石，用杓取出二鬥以來，入熱蒸糜一鬥在內，卻傾取出者，醅在上面蓋之，以手按平，候一二日發動，據後來所入熱糜，計合用麴入甕一處拌匀。更候發緊掩捺，謂之“接醅”。若下脚後，依前發慢，即用熱湯湯臂膊，入甕攪掩，令冷熱匀停。須頻蘸臂膊，貴要接助熱氣。或以一二升小瓶貯熱湯，密封口，置在甕底，候發則急去之，謂之“追魂”。或倒出在案上與熱甜糜拌，再入甕厚蓋合，且候，隔兩夜，方始攪撥，依前緊蓋合。一依投抹，次第體當，漸成醅，謂之“指引”。或秖入正發醅脚一鬥許，在甕當心，卻撥慢發醅蓋合，次日發起攪撥，亦謂之“搭引”。

造酒要腳正，大忌發慢，所以多方救助。冬日置甕在溫暖處，用薦席圍裹之，入麥麩黍穰之類，涼時去之。夏月置甕在深屋底，不透日氣處。天氣極熱，日間不得掀開，用磚鼎足閣起，恐地氣，此為大法。

(번역문)

[도 미]

도미는 술밑이며, 지금 사람들은 이를 “발반(脚饭)” 이라고 부른다. 쌀을 쪄서 무르고 부드러운 술밥을 만든 후 상에 펼쳐 놓고 자주 뒤집어 위는 마르고, 아래는 축축하지 않게 해야 한다. 중요한 것은 날씨의 온도 변화를 잘 살펴서 날씨가 서늘할 때는 약간 차갑게 하고, 더울 때는 아주 차갑게 하고, 추울 때는 사람의 체온과 비슷하게 유지하는 것이다.

금파법에서는 쌀 한 섬(石)에 맥아 넉 냥(兩)을 사용하고, 맥아는 볶아서 식혀야 한다. 맥아와 쌀알이 잘 결합해야 술이 순하고 시큼한 향을 낼 수 있다. 맥아를 술밥에 뿌린 다음 누룩과 효모를 넣고 여러 사람이 함께 손으로 반죽하여 고르게 섞어야 한다. 술밥이 끈적하고 딱딱하면 즉시 차가운 신즙을 조금 넣어 함께 반죽하고, 부드럽고 묽은 정도에 따라 조절해야 한다.

술밥을 반죽할 때는 누룩과 술밥을 고르게 섞는 것으로 충분하며, 떡처럼 반죽할 필요는 없다. 경성(京城)에서 술을 빚을 때는 누룩과 술밥을 구별할 수 없을 정도로 반죽하는데, 술맛이 너무 달다. 누룩을 너무 곱게 갈 필요는 없으며, 곱게 갈면 술맛이 달콤하고, 거칠게 갈면 술맛이 맵고 톡 쏘는 맛이 난다. 누룩 알갱이의 굵기가 고르지 않으면 발효가 고르지 않아 술맛을 일정하게 유지하기 어렵다.

대체로 날씨가 추울 때는 누룩 발효가 느려도 괜찮으므로 주사위 크기 정도의 굵은 누룩 알갱이를 사용하는 것이 좋다. 날씨가 따뜻할 때는 술밥이 빨리 발효되도록 곱게 간 누룩가루를 사용하는 것이 좋다. 대략 쌀 한 말(㪷)에 큰 누룩 여덟 냥(兩)과 소곡 한 냥(兩)을 사용하면 발효가 잘 되고 실패할 염려가 없다.

두 종류의 누룩을 모두 각반(脚飯)에 넣어야 하며, 생누룩을 바로 추가하면 안 된다. 여러 번 덧밥을 하는 술이라도 누룩을 모두 각반에 넣어야 하며, 양을 잘 계산해야 한다. 누룩과 술밥을 고르게 섞은 후 항아리에 넣는다.

항아리 바닥에 먼저 누룩가루를 뿌리고, 남겨둔 누룩가루 4~5냥을 술밥 표면에 뿌려 덮는다. 술밥을 층층이 쌓아 올린 후 손으로 항아리 가장자리를 단단히 누르고 주변 술밥을 두드려 다진다. 가운데를 파서 구덩이를 만들고, 상위의 누룩 즙 3~5되를 살짝 데워 구덩이에 붓고 술밑 표면에 뿌려 신수로 삼는다. 술을 빚을 때는 반드시 새벽 5

시에 시작하여 햇빛을 보지 않도록 한다. 이는 지나치게 엄격한 방법이다.

술밥을 넣는 과정은 동쪽이 밝기 전에 완료해야 하며, 해가 뜬 후에도 완료하지 못하면 술 품질이 좋지 않을 가능성이 높다. 하룻밤 후 항아리를 열어 신수가 아직 스며들지 않았으면 돗자리로 항아리를 감싸 보온한다.

신수가 이미 스며들어 발효가 비교적 고르게 진행되면 나무갈퀴로 술밥을 휘젓고, 이전처럼 항아리를 덮은 후 항아리 가장자리에 생기는 물방울을 수시로 닦아낸다. 3일 후 손으로 술밑 표면을 눌러보고 발효가 활발하면 바닥까지 저어 고르게 한다.

여전히 발효가 활발하면 즉시 일부를 다른 항아리에 옮겨 담는다. 술밑은 발효가 지나치면 안 되기 때문이다. 동시에 단술밥을 다시 쪄서 즉시 넣어야 하며, 하룻밤을 넘기면 안 된다. 발효가 지나치면 효모 힘이 약해질 수 있기 때문이다. 술 빚는 사람들은 이를 "적각"이라고 부른다.

술밑 발효가 지나치게 활발한 것은 대부분 온도가 높기 때문이며, 대략 2~3일 후에는 효모가 작용하기 시작한다. 만약 이신수(以信水)가 완전히 스며들고, 술밑 표면 가운데가 솟아오르며, 갈라진 금이 생기면(많으면 10여 개, 적으면 5~7개) 이는 술밑 발효가 너무 활발한 것이므로 즉시 항아리를 나누어 담아 온도를 낮춰야 한다.

일반적으로 겨울에는 술밑이 많아도 괜찮지만, 여름에는 술밑을 적게 해야 한다. 이신수가 스며들지 않고 술밑 표면이 갈라지지 않으면 발효가 너무 느린 것이므로 돗자리를 덮어 항아리를 감싸 발효를 촉진해야 한다. 1~2일 후에도 발효가 되지 않으면 술밑 한 섬(石)당 두 되(㪷) 정도를 퍼내어 항아리에 뜨겁게 찐 술밥 한 되를 넣고, 퍼낸 술밑으로 덮은 다음 손으로 눌러 평평하게 한다.

1~2일 후 발효가 시작되면 나중에 넣은 뜨거운 술밥에 맞춰 누룩 양을 계산하여 항아리에 넣고 함께 저어 발효가 활발해질 때까지 술밑 표면을 눌러준다. 이 방법을 "접배(接醅)"라고 한다. 술밑을 넣은 후에도 발효가 여전히 느리면 뜨거운 물에 팔뚝을 담가 데운 다음 항아리에 넣고 저어 술밑의 온도를 고르게 한다.

젓는 동안 팔뚝을 자주 뜨거운 물에 담가 열기를 유지하는 것이 중요하다. 또는 1~2되 용량의 작은 병에 뜨거운 물을 채워 밀봉한 다음 항아리 바닥에 넣고 술밥이 발효되기 시작하면 즉시 꺼내는 방법을 "추혼(追魂)"이라고 한다. 또는 항아리 속 술밥을 상에 쏟아 뜨겁게 찐 술밥과 섞은 다음 다시 항아리에 넣고 두껍게 덮어 이틀 밤 후 저어준다.

이후 이전 방법대로 항아리 뚜껑을 덮고 차례대로 술밥을 넣고 평평하게 펴서 항아리 안에 점차 술밑이 형성되는 것을 "탑인(搭引)"이라고 한다. 또는 항아리 중앙에 잘 발효된 술밑 한 되만 넣고 발효가 느린 술밑으로 덮은 다음 다음날 발효가 시작되면 저어주는 것도 "탑인(搭引)" 이라고 한다. 술을 빚을 때 술밑 발효는 적절해야 하며, 발효가 너무 느린 것을 가장 피해야 하므로 여러 가지 방법으로 발효를 도와야 한다.

겨울에는 항아리를 따뜻한 곳에 두고, 돗자리로 감싸고 맥강이나 수수깡 등을 넣어 보온하고, 발효 후 술밑이 식으면 제거한다. 여름에는 항아리를 햇빛이 들지 않는 서늘한 방 깊숙한 곳에 둔다. 날씨가 매우 더울 때는 낮에 항아리 뚜껑을 열면 안 된다. 벽돌을 바닥에 깔아 항아리를 올려놓아 땅의 습기를 피하는 것이 가장 기본적인 규칙이다.

蒸甜糜

不経酸漿浸，故曰甜糜。

凡蒸酘糜，先用新汲水浸破米心，淨淘，令水脈撇透，庶蒸時易軟。腳米走水淘，恐水透，漿不入，難得酸。投飯不湯，故欲浸透也。然後控幹，候甑氣上，撒米裝，甜米比醋糜鬆利易炊，候裝徹氣上，用木篦、鍁，帚掠撥甑周回生米，在氣出緊處，掠撥平整。候氣匀溜，用篦翻攪，再溜，氣匀，用湯潑之，謂之“小潑”再候氣匀，用篦翻攪，候米匀熟，又用湯潑，謂之“大潑”。復用木篦攪幹，隨篦潑湯，候匀軟，稀稠得所，取出盆內，以湯微灑，以一器蓋之。候滲盡，出在案上，翻稍三兩遍，放令極冷，四時並同。其撥溜盤棹並同“蒸腳糜法”。唯是不犯漿，只用薑、葱、油麵比前減半，同煎，白湯潑之。每鬥不過潑二升，拍擊米心，匀破成糜，亦如上法。

(번역문)

[증첨미]

산장(酸漿)에 담그지 않고 쪄서 단미라고 한다. 덧술할 술밥을 찔 때는 먼저 새로 길어온 우물물로 쌀알을 불려 깨끗이 씻어 물이 쌀알에 충분히 스며들게 하여 찔 때 쉽게 무르게 한다. 각미(脚米)로 쓸 쌀은 물로 씻기만 하는데, 이는 물이 너무 많이 스며들면 장수(漿水)가 스며들지 않아 시어지기 어려울까 걱정해서이다.

덧술 할 밥은 뜨거운 장수(漿水)로 불리지 않으므로 쌀을 충분히 불려야 한다. 그런 다음 물기를 빼고 시루에 김이 오르면 쌀을 뿌린다. 감미(甜糜)를 찔 때는 초미(醋糜)를 찔 때보다 쌀을 더 성글게 담아야 찌기 쉽다.

쌀을 다 담고 김이 오르면 나무주걱, 매자, 빗자루 등으로 시루 주변의 익지 않은 쌀을 김이 센 곳으로 밀어 넣는다. 쌀을 고르게 펴고 김이 고르게 오르면 나무주걱으로 휘젓는다. 김이 다시 고르게 오르면 뜨거운 물을 뿌리는데, 이를 "소발(小潑)"이라고 한다.

김이 고르게 오르면 나무주걱으로 휘젓는다. 쌀이 고르게 익으면 다시 뜨거운 물을 뿌리는데 이를 "대발(大潑)"이라고 한다. 이 또한 나무주걱으로 휘저으면서 뜨거운 물을 뿌리는 것이다. 술밥이 고르게 무르고 질척함이 적당하면 시루에서 꺼내 대야에 담고, 뜨거운 물을 약간 뿌린 후 그릇으로 덮는다.

물기가 다 스며들면 꺼내서 상 위에 놓고 두세 번 뒤집어 완전히 식힌다. 사계절 모두 같다. 휘젓고 뒤집는 방법은 각미(脚糜)을 찌는 방법과 같지만, 차가운 장수 대신 물에 파, 후추, 기름과 밀가루를 절반으로 줄여 넣고 함께 끓인 백탕을 밥에 뿌리는데, 매 말(㪷)마다 2되만 뿌린다. 쌀알을 두드려 완전히 으깨 무르게 하는 방법도 앞의 초미(醋糜)를 찌는 방법과 같다。

投醹

投醹最要㕔應，不可過，不可不及。脚熱發緊，不分摘開，發過，無力方投，非特酒味薄、不醇美。兼麹末少，咬甜糜不住，頭脚不㕔應，多致味酸。若脚嫩、力小、酘早，甜糜冷，不能發脫，折斷多致涎慢，酒人謂之"攧了"。須是發緊，迎甜便酘，寒時四六酘，溫涼時中停酘，熱時三七酘。≪醖法總論≫："天暖時二分為脚，一分投；天寒時中停投；如極寒時一分為脚，二分投；大熱或更不投。"一法：只看醅脚緊慢，加減投，亦治法也。若醅脚發得恰好，即用甜飯依數投之。若用黃米造酒，祇以醋糜一半投之，謂之"脚搭脚"。如此醖造，暖時無穩。若發得太緊，恐酒味太辣，即添入米一二鬥；若發得太慢，恐酒味大甜，即派入麹三四斤；定酒味全在此時也。

四時並須放冷。≪齊民要術≫："所以專取桑落時造者，黍必令極冷故也。"酘飯極冷，即酒味方辣，所謂偷甜也。投飯，寒時爛揉，溫涼時不須令爛；熱時祇可拌和停匀，恐傷人氣、北人秋冬投飯，只取脚醅一半，於案上共酘飯一處，搜拌令匀，人甕卻以舊醅蓋之。緣有一半舊醅有甕。夏月，脚醅須盡取出案上搜拌，務要出卻脚糜中酸氣。一法：脚緊案上搜，脚慢甕中搜，亦佳。

寒時用薦蓋，溫熱時用席，若天氣大熱，發緊，只用布罩之。逐日用手連底掩拌。務要甕邊冷醅來中心。寒時，以湯洗手臂助暖氣；熱時，只用木杷攪之。不拘四時，頻用托布抹汗。五日以後，更不須損掩也。如米粒消化而沸未止，麴力大，更酘為佳。≪齊民要術≫："初下用米一石，次酘五㪷，又四㪷，又三㪷，以漸待米消即酘，無令勢不相及。味足沸定為熟。氣味雖正，沸未息者，麴勢未盡，宜更酘之。不酘，則酒味苦薄矣'第四第五六酘用十多少，皆候曲勢強弱加減之，亦無定法；"惟須米粒消化乃酘之，要在善候麴勢。麴勢未窮，米粒已消，多酘為良。"世又雲："米過酒甜，此乃不解體候耳。酒冷沸止，米有不消化者，便是麴力盡也。"若沸止醅塌，即便封泥，起，不令透氣。夏月十餘日、冬深四十日、春秋二十三四日可上槽。大抵要體當天氣冷暖與南北氣候，即知酒熟有早晚，亦不可拘定日數。酒人看醅生熟，以手試之。若撥動有聲，即是未熟；若醅面幹如蜂窠眼子，撥撲有酒湧起，即是熟也。

供禦祠祭：十月造酘，後二十日熟；十一月造酘，後一月熟；十二月造酘，後五十日熟。

(번역문)

[투유(덧술하다)]

투유 시기는 반드시 잘 조절해야 하며, 너무 지나치거나 부족해서는 안 된다. 각반(腳飯) 온도가 올라가고, 발효가 왕성할 때 제때 다른 항아리에 나누어 담지 않으면 발효가 잦아들고, 효모 힘이 약해질 때 투유를 하면 술맛이 옅고 순수하지 않을 뿐만 아니라 누룩가루가 적어 단 감미(甜糜)와 제대로 결합하지 못해 다시 넣은 밥과 각반이 제대로 조화를 이루지 못해 술맛이 시어지는 경우가 많다.

각반의 효모 힘이 약할 때 투유를 하면 너무 일찍 투유를 하게 되어 감미 온도가 너무 낮아 발효되지 못하고 끈적임이 심해지는데, 술 만드는 사람들은 이를 "쓰러졌다"고 말한다. 발효가 왕성하고 약간 단맛이 날 때 투유를 해야 한다. 추울 때는 4 : 6 비율로 투유하고, 따뜻하고 서늘할 때는 1 : 2 비율로 투유하며, 더울 때는 3 : 7 비율로 투유한다.

≪양조법 종론≫에서는 날씨가 따뜻할 때는 각반 2에 밥 1의 비율로 투유하고, 날씨가 추울 때는 1 : 1 비율로 투유하며, 매우 추울 때는 각반 1에 밥 2의 비율로 투유하고, 매우 더울 때는 투유하지 않는다고 한다. 또 다른 방법은 각반의 발효 속도에 따라 투유 양을 가감하는 것도 좋

은 방법이다. 각반 발효가 적절하면 단 밥을 적절한 양만큼 투유한다.

황미(黃米)로 술을 빚을 때는 시큼한 미(糜) 절반만 투유하는데, 이를 각반에 덧댄다고 하며, 이렇게 술을 빚으면 따뜻할 때 특히 안정적이다. 발효가 너무 빨라 술맛이 너무 매울까봐 걱정되면 쌀 한두 말을 더 넣고, 발효가 너무 느려 술맛이 너무 달까봐 걱정되면 누룩 서너 근을 더 넣는데, 술맛은 이때 결정된다. 어떤 계절이든 다시 넣는 밥은 반드시 식혀야 한다.

≪제민요술≫에서 뽕잎이 떨어질 때 술을 빚는 것을 특별히 중요하게 여긴 이유는 쪄낸 수수를 매우 차갑게 식혀야 하기 때문이다. 넣는 밥이 매우 차가워야 빚은 술맛이 비교적 매워지는데, 이것이 소위 "단맛을 잡는 것"이다. 넣어야 할 밥은 추울 때는 으깨고, 따뜻하고 서늘할 때는 으깰 필요가 없으며, 더울 때는 고르게 섞기만 해야 많은 사람의 기운이 닿아 시어지는 것을 막을 수 있다.

북쪽 사람들은 가을과 겨울에 투유할 때 각반(腳醅) 절반만 꺼내 상에 놓고, 넣어야 할 밥과 함께 고르게 섞어 항아리에 넣은 다음 원래 있던 술밑으로 덮는다. 이는 원래 있던 술밑 절반이 항아리에 남아 있기 때문이다. 여름에는 각반을 모두 꺼내 상에 놓고 고르게 섞어 각반 속 신맛을 반드시 없애야 한다.

또 다른 방법은 각반 발효가 빠를 때는 상에서 섞고, 느릴 때는 항아리에서 섞는 것도 좋은 방법이다. 추운 날씨에는 돗자리로 항아리를 덮고, 따뜻한 날씨에는 자리로 항아리를 덮는다. 날씨가 매우 더워 발효가 활발해지면 천으로 항아리를 덮는다. 매일 손으로 바닥부터 고르게 저어 항아리 주변의 차가운 술밑을 가운데로 가져온다. 추운 날씨에는 따뜻한 물로 손과 팔을 씻어 온도를 높이고, 더운 날씨에는 나무 주걱으로만 젓는다.

계절에 관계없이 항상 천으로 항아리 가장자리에 생기는 물방울을 닦아준다. 5일 후에는 더 이상 저을 필요가 없다. 쌀알이 소화되었지만 거품이 멈추지 않으면 누룩의 힘이 강한 것이므로 밥을 한 번 더 넣는 것이 좋다.

≪제민요술≫에는 "처음에는 쌀 한 섬(石)을 넣고, 두 번째는 다섯 말(斗), 세 번째는 네 말, 네 번째는 세 말을 넣으며, 점차 줄여 나간다. 쌀이 점차 소화될 때마다 밥을 넣어 누룩의 힘이 끊이지 않도록 해야 한다. 술맛이 충분히 진하고, 거품이 멈추면 술이 익은 것이다.

술맛이 이미 순수해졌더라도 거품이 멈추지 않으면 누룩의 힘이 아직 다하지 않은 것이므로 밥을 더 넣어야 한다. 밥을 더 넣지 않으면 술맛이 약간 쓰고 옅어진다."라고 기록되어 있다. "네 번째, 다섯 번째, 여섯 번째 밥을 넣을 때는 쌀의 양을 누룩의 힘의 강약에 따라 가감하며, 정해진 규정은 없다."

“반드시 쌀알이 소화된 후에 밥을 넣어야 한다.” 중요한 것은 누룩의 힘을 잘 살펴야 하며, 누룩의 힘이 다하지 않았는데 쌀알이 소화되었다면 밥을 더 넣는 것이 좋다. 세상 사람들은 쌀이 소화되면 술맛이 너무 달다고 말하지만, 이는 발효 과정을 제대로 이해하지 못한 것이다.

술밑 온도가 낮아지고 거품이 멈추고, 쌀도 소화되지 않은 경우가 있다면 누룩의 힘이 이미 다한 것이다. 거품이 멈추고 술밑 표면이 가라앉으면 진흙으로 항아리 입구를 봉하여 공기가 통하지 않도록 한다. 여름에는 10여 일, 겨울에는 40일, 봄과 가을에는 23～24일이면 술을 거를 수 있다.

일반적으로 날씨의 온도와 남북 기후의 차이를 고려하여 술이 익는 시기를 판단해야 하며, 정해진 날짜에 얽매일 필요는 없다. 술 만드는 사람은 술밑의 익은 정도를 손으로 확인하는데, 휘저었을 때 소리가 나면 익지 않은 것이고, 술밑 표면이 벌집 모양처럼 마르고 휘저었을 때 술이 솟아오르면 익은 것이다. 임금에게 올리는 술이나 제사에 쓰는 술은 10월에 빚어 밥을 넣은 후 20일이면 익고, 11월에 빚어 밥을 넣은 후 한 달이면 익고, 12월에 빚어 밥을 넣은 후 50일이면 익는다.

酒器

東南多瓷甕，洗刷淨便可用。西北無之，多用瓦甕。若新甕，用炭火五七斤罩甕其上，候通熱，以油蠟遍塗之；若舊甕，冬初用時，須薰過。其法：用半頭磚鐺腳安放，合甕磚上，用幹黍穰文武火熏，於甑釜上蒸，以甕邊黑汁出為度，然後水洗三五遍，候幹用之。更用漆之，尤佳。

(번역문)

[술항아리(주조 도구)]

동남쪽 지역에는 도자 항아리가 많아 깨끗하게 씻으면 바로 사용할 수 있다. 서북쪽 지역에는 도자 항아리가 없어 대부분 질항아리를 사용한다. 새 항아리라면 숯불 5~7근을 피워 항아리 위에 덮어 통째로 뜨거워지면 기름과 밀랍을 골고루 바른다. 헌 항아리라면 초겨울에 사용할 때 반드시 훈증해야 한다.

그 방법은 벽돌 반쪽을 솥발처럼 3개를 만들어 놓고 항아리를 벽돌 위에 올려놓은 다음 마른 수수깡으로 약한 불과 센 불로 번갈아 훈증하는 것이다. 솥 위에 얹어 찌는 경우에는 항아리 가장자리에서 검은 즙이 나올 때까지 한다. 그런 다음 물로 3~5번 씻고 말려서 사용한다. 옻칠을 하면 더욱 좋다.

上槽

造酒，寒時須是過熟，即酒清數多，渾頭白醅少；溫涼時並熱時，須是合熟便壓，恐酒醅過熟，又槽內易熱，多致酸變。大約造酒，自下脚至熟，寒時二十四五日，溫涼時半月，熱時七八日，便可上槽。仍須勻裝停鋪，手安壓版，正不砧、簟。所貴壓得勻幹，並無箭失。轉酒入甕，須垂手傾下，免見濯損酒味。寒時用草薦、麥稭圍蓋，溫涼時去了，以單布蓋之，候三五日，澄折清酒入瓶。

(번역문)

[상조(술 거르기)]

날씨가 추울 때 술을 빚으면 반드시 충분히 익혀서 압착해야 술의 양이 많아지고, 탁한 흰 침전물이 적게 나온다. 날씨가 따뜻하거나 더울 때는 술이 너무 익어 시어지는 것을 막기 위해 적절히 익었을 때 압착해야 한다.

술밑을 만드는 것부터 익을 때까지 추울 때는 24~25일, 따뜻하고 서늘할 때는 보름, 더울 때는 7~8일 정도 걸린다. 그 후 압착기에 넣어 술을 거른다. 술밑을 고르게 펴고 손으로 압착판을 눌러 맷돌을 놓는다. 술을 짤 때는 고르게 짜서 낭비되는 것이 없어야 한다.

술을 항아리에 옮길 때는 손을 늘어뜨려 부어 술맛이 흐려지는 것을 막아야 한다. 추울 때는 짚이나 밀짚으로 항아리를 감싸고, 따뜻하고 서늘할 때는 홑겹 천으로 덮는다. 3~5일 후 맑은 술을 병에 담는다.

收酒

上榨以器就滴，恐滴遠損酒，或以小杖子引下亦可。壓下酒。須先湯洗瓶器，令淨，控幹。二三日一次折澄，去盡脚，才有白絲即渾，直候澄折得清為度，即酒味格佳，便用蠟紙封閉。務在滿裝，瓶不在大。以物閣起，恐地氣發動酒脚，失酒味，仍不許頻頻移動。大抵酒澄得清，更滿裝，雖不煮，夏月亦可存留。內酒庫：水酒夏月不煮，衹是過熟上榨，澄清，收。

(번역문)

[수 주]

압착할 때 술을 담는 그릇을 떨어지는 술방울 가까이에 놓아야 술방울이 멀리 떨어져 술맛이 손상되는 것을 막을 수 있으며, 작은 막대기로 술방울을 받아내는 것도 좋은 방법이다. 압착하기 전에 뜨거운 물로 술을 담을 그릇을 깨끗이 씻어 말려야 한다. 그런 다음 2~3일에 한 번씩 술 지게미를 완전히 걸러낸다.

흰 솜털 모양의 침전물이 조금이라도 생기면 술이 흐려지므로 맑게 걸러질 때까지 걸러야 술맛이 훨씬 좋아진다.

그런 다음 밀랍 종이로 병 입구를 막고 술을 가득 채워야 한다. 병은 반드시 클 필요는 없지만 바닥에 받침대를 놓아 땅의 습기가 술지게미를 상하게 하여 술맛이 변질되는 것을 막아야 한다.

담은 술은 자주 옮기면 안 된다. 대체로 술이 맑고 가득 차 있으면 끓이지 않아도 여름에도 보관할 수 있다. 궁궐 안 술 창고에서 빚은 물술은 여름에도 끓이지 않고, 술밑이 충분히 익을 때까지 기다렸다가 압착하여 맑게 걸러 보관한다.

煮酒

凡煮酒，每鬥入蠟二錢、竹葉五片、官局、天南星丸半粒，化入酒中，如法封緊，置在甑中。第二次煮酒不用前來湯，別須用冷水下。然後發火，候甑簞上酒香透。酒溢出倒流，便揭起甑蓋，取一瓶開看，酒滾即熟矣，便住火、良久方取下，置於石灰中，不得頻移動。白酒須潑得清，然後煮。煮時瓶用桑葉冥之。金波兼使白酒麯，才榨下槽，略澄折二三日便蒸，雖煮酒亦白色。

(번역문)

[자 주]

무릇 술을 끓일 때 매 말(鬥)마다 밀랍 두 돈(錢)과 죽엽 다섯 조각을 넣고, 관국에서 생산한 천남성환 반 알을 술에 녹여 넣는다. 평소와 같이 술병을 봉하여 시루에 넣는다. 두 번째 술을 끓일 때는 이전의 뜨거운 물을 사용하지 않고 반드시 찬물을 사용하여 시루에 올린다.

그런 다음 불을 지피고 시루 덮개에서 술 향기가 나고 술이 넘쳐흘러 다시 흘러내리면 시루 뚜껑을 연다. 병 하나를 꺼내 열어보면 술이 끓어오르면 다 익은 것이다. 즉시 불을 끄고 시간이 좀 지난 후에 꺼내 석회 속에 넣어 자주 옮기지 않도록 한다.

"백주"는 맑게 걸러 끓여야 하며, 끓일 때는 뽕잎으로 술병을 덮는다. 금파국과 백주국을 함께 사용하여 빚은 술은 짜낸 후 약간 맑게 걸러 2~3일 후에 짜도 짜낸 후에도 술 색깔이 희다.

火迫酒

取清酒澄三五日後，據酒多少，取甕一口，先淨刷洗訖，以火烘幹，於底旁鉆一竅子，如筋粗細，以柳屑子定。將酒入在甕，入黃蠟半斤，甕口以油單子蓋系定，別泥一間淨室，不得令通風，門子才可入得甕。置甕在當中間，以磚五重襯甕底，於當門裏著炭三秤籠，令實，於中心著半斤許，熟火，便用閉門。門外更懸薦簾，七日後方開，又七日方取吃。取時以細竹子一條，頭邊夾少新綿，款款抽屑子，以器承之。以綿竹子遍於甕底攪纏，盡著底，濁物清，即休纏，仍塞了。先鑽竅子，圖取澱濁易耳。每取時卻入一竹筒子，如醋淋子，旋取之。即耐停不損，全勝於煮酒也。

(번역문)

[화박주]

술을 3~5일 동안 침전시킨 후 술의 양에 따라 적당한 크기의 항아리를 선택한다. 먼저 깨끗하게 씻고 불로 건조시킨 후 항아리 바닥 옆에 젓가락 굵기의 구멍을 뚫고 버드나무 마개로 막는다. 그런 다음 술을 항아리에 붓고 황랍 반 근을 넣은 후 기름 먹인 천으로 항아리 입구를 덮고 묶는다.

따로 바람이 통하지 않는 깨끗한 방을 준비하고, 문은 항아리가 들어갈 정도의 크기로 만든다. 항아리를 방 가운데 놓고 벽돌 다섯 겹으로 항아리 바닥을 받친다. 방 안 문을 향하는 곳에 숯 세 근을 놓고 촘촘하게 쌓은 후 가운데에 숯불 반 근 정도를 피운다. 그런 다음 방문을 닫고 문 밖에 돗자리를 쳐서 가린 후 7일 후에 열고, 다시 7일 후에 술을 꺼내 마신다.

술을 꺼낼 때는 먼저 끝에 새 솜을 약간 끼운 가는 대나무 막대를 준비한다. 항아리 바닥의 나무마개를 천천히 빼내고 그릇으로 흘러나오는 술을 받는다. 그런 다음 솜을 끼운 대나무 막대로 항아리 바닥을 휘저어 항아리 바닥에 침전된 탁한 물질을 모두 휘감아내고 술이 맑아지면 휘젓는 것을 멈춘다.

술을 꺼낼 때마다 식초를 거르는 "여과기"와 같은 대나무 통을 사용하여 빠르게 꺼내면 술을 오래 보관해도 품질이 손상되지 않는다. 이 술의 품질은 끓인 술보다 훨씬 뛰어난다.

曝酒法

平旦起，先煎下甘水三四升，放冷，著盆中。日西，將衡正純糯一鬥，用水淨淘，至水清，浸良久方漉出，瀝令米幹，炊，再餾飯，約四更，飯熟，即卸在案桌上，薄攤，令極冷。昧旦日未出前，用冷湯兩碗拌飯，令飯粒散不成塊。每鬥用藥二兩，玉友、白醪、小酒、真一曲同。只槌碎為小塊並末，用手糝拌入飯中，令粒粒有麴，即逐段拍在甕四畔，不須令太實，唯中間開一井子，直見底。卻以麴末糝醅面，即以濕布蓋之。如布幹，又漬潤之。常令布濕，乃其訣也，又不可令布大濕，恐滴水入。候漿來井中滿，時時酌澆四邊、直候漿來極多，方用水一盞，調大酒麴一兩，投井漿中，然後用竹刀界醅，作六七片，擘碎番轉。醅面上有白衣宜去之。即下新汲水二碗，依前濕布罨之，更不得動。少時自然結面，醅在上，漿在下，即別淘糯米，以先下腳米算數。天涼對投，天熱半投。隔夜浸破米心，次日晚西炊飯，放冷，至夜酘之。再入藥二兩。取甕中漿來拌勻，捺在甕底，以舊醅蓋之，次日即大發。候酘飯消化，沸止方熟，乃用竹帚帚之。若酒面帶酸，帚時先以手掠去酸面，然後以竹篅插入缸中心取酒。其酒甕用木架起，須安置涼處，仍畏濕地。此法夏中可作，稍寒不成。

(번역문)

[폭주법]

이른 아침에 먼저 감수(甘水) 세 되(升)나 네 되를 끓여 식힌 후 대야에 붓는다. 저녁에 찹쌀 한 말을 깨끗한 물로 씻어 물이 맑아질 때까지 씻은 다음 오랜 시간 담가 두었다가 물을 빼고 물기를 뺀다. 밥을 찐 후 다시 쪄서 새벽 4시경 밥이 익으면 밥상에 쏟아 얇게 펼쳐 밥을 완전히 식힌다.

날이 밝기 전 해가 뜨기 전에 찬물 두 사발로 밥을 버무려 밥알을 흩어지게 하고 뭉치지 않게 한다. 쌀 한 말당 누룩 약 두 냥(兩)을 사용하는데, 옥우국(玉友麴), 백료국(白醪麴), 소주국(小酒麴), 진일국(眞一麴)을 모두 같은 양으로 사용한다.

누룩을 작은 덩어리로 찧어 가루로 만든 후 손으로 밥에 뿌려 모든 밥알에 누룩이 묻도록 한다. 그런 다음 항아리 안쪽에 층층이 두드리며 넣는데, 너무 꽉 채울 필요는 없다. 밥 가운데에 항아리 바닥까지 닿는 구멍을 내고 밥 위에 누룩가루를 뿌린 후 젖은 천으로 덮는다.

천이 마르면 다시 적셔준다. 천을 항상 젖은 상태로 유지하는 것이 비법이지만 천이 너무 축축하면 물이 떨어져 술밑에 들어갈 수 있으니 주의해야 한다. 술밑이 생겨 구멍을 채우면 때때로 술밑을 떠서 사방의 밥에 뿌려준다. 술밑이 아주 많아지면 물 한 사발에 큰 누룩 한 냥을 풀어 구멍 속 술밑에 붓는다.

그런 다음 대나무 칼로 술밑을 6~7조각으로 나누어 부수고 뒤집는다. 술밑 표면에 흰 곰팡이가 생기면 제거하는 것이 좋다. 바로 새로 길어온 우물물 두 사발을 붓고 이전과 같은 방법으로 젖은 천으로 덮어 다시는 건드리지 않는다. 잠시 후 술밑 표면이 자연스럽게 굳고 술밑은 위에, 술은 아래에 놓인다.

바로 찹쌀을 씻어 처음 사용했던 밥의 양을 계산한다. 날씨가 서늘하면 같은 양의 쌀을 넣고, 날씨가 더우면 절반의 쌀을 넣는다. 하룻밤 담가 쌀알을 불린 후, 다음날 저녁에 밥을 쪄서 식힌 다음 밤에 시큼하게 만든다. 다시 누룩 약 두 냥을 넣는다.

항아리 속 술밑을 꺼내 밥과 골고루 섞어 항아리 바닥에 누르고 예전 술밑으로 덮으면 다음날 바로 발효된다. 넣은 밥이 소화되고 거품이 멈추면 술이 익은 것이므로 대나무 거름 도구로 뜬다. 술밑 표면에 신맛이 나면 뜨기 전에 손으로 신맛 나는 부분을 걷어낸 후, 대나무 거름 도구를 항아리 가운데에 넣어 술을 뜬다.

술 항아리는 나무로 받쳐 서늘한 곳에 두고, 습한 땅을 피해야 한다. 이 방법은 여름에만 만들 수 있으며, 날씨가 조금이라도 추우면 만들 수 없다.

白羊酒

臘月，取絕嫩羯羊肉三十斤，肉三十廳內要肥膘十斤。連骨，使水六門已來，入鍋煮肉，令極軟。漉出骨，將肉絲擘碎，留著肉汁。炊蒸酒飯時，勻撒脂肉拌飯上，蒸令軟，依常盤攪，使盡肉汁六門潑餧了，再蒸良久，卸案上，攤，令溫涼得所。揀好脚醅，依前法酘拌，更使肉汁二升以來，收拾案上及元壓面水，依尋常大酒法日數，但曲盡於酴米中用爾。一法：脚醅發，只於酘飯內方煮肉，取脚醅一處,搜拌入甕。

(번역문)

[백양주]

선달에 아주 살지고 부드러운 거세한 양고기 30근을 준비하고, 그 안에 비계 10근을 넣는다. 뼈와 함께 물 6말을 솥에 넣고 끓인다. 고기가 아주 부드러워지면 뼈를 건져내고, 고기를 잘게 찢어 고기 국물을 남겨둔다.

술밥을 쪄서 양고기를 밥 위에 골고루 뿌려 쪄서 부드럽게 하고, 평소와 같이 휘저어 고기 국물 6말을 모두 섞는다. 밥에 물을 뿌린 후 다시 오랫동안 쪄서 상 위에 내려놓고 따뜻하고 차갑게 식힌다. 좋은 각반(腳醅)을 골라 이전 방법대로 시큼하게 버무리고, 고기 국물 2말을 더 넣는다.

상 위에 놓인 재료와 압착할 때 사용할 물을 준비하고, 평소 큰 술을 빚는 날짜에 맞춰 빚되 누룩은 투미(酴米)에 모두 사용한다. 다른 방법으로는 각반 발효는 시큼한 밥 안에서만 하고, 고기를 삶아 각반을 한데 버무려 항아리에 넣는다.

地黃酒

地黃擇肥實大者，每米一㪷，生地黃一斤，用竹刀切。略於木石臼中搗碎，同米拌和，上甑蒸熟，依常法人醞。黃精亦依此法。

(번역문)

[지황주]

크고 튼실한 지황을 고른다. 쌀 한 말(㪷)당 생지황(生地黃) 한 근(斤)을 사용한다. 대나무 갈로 썰어 나무 또는 돌절구에 약간 찧은 후 쌀과 함께 버무려 시루에 쪄서 익히고, 일반적인 방법대로 술을 빚는다. 황정(黃精) 또한 이와 같은 방법으로 술을 빚는다.

菊花酒

九月，取菊花，曝幹揉碎，入米饋中，蒸，令熟。醞酒如地黃法。

(번역문)

[국화주]

9월에 국화를 따서 햇볕에 말려 잘게 부순 후 쌀누룩에 넣어 쪄서 익힌다. 술 빚는 방법은 지황주와 같다.

酴醾酒

七分開酴醾，摘取頭子，去青萼，用沸湯綽過，紐幹。浸法酒一升，經宿漉去花頭，匀入九升酒內，此洛中法。

(번역문)

[도미주]

7할로 핀 도미꽃을 따서 꽃봉오리만 골라내고, 푸른 꽃받침을 제거한 후 끓는 물에 살짝 데쳐 물기를 짜낸다. 법주 한 되에 담가 하룻밤 재워둔 후 꽃봉오리를 건져내고, 술을 나머지 아홉 되의 술에 골고루 섞는다. 이는 낙양 지역의 방법이다.

葡萄酒法

酸米用甑蒸，氣上，用杏仁五兩，去皮尖，葡萄二斤半，浴過幹，去子皮，與杏仁同於砂盆內一處，用熟漿三鬥，逐旋研盡為度，以生絹濾過。其三鬥熟漿潑飯軟，蓋良久，出飯，攤於案上。依常法，候溫，入麴搜拌。

(번역문)

[포도주법]

담가둔 산장미를 시루에 넣고 김이 올라오도록 찐다. 살구씨 5냥을 준비하여 껍질과 끝부분을 제거한다. 포도 2근 반을 깨끗이 씻어 말린 후 씨와 껍질을 제거한다. 살구씨와 포도를 함께 사발에 넣고 익힌 산미즙 3되를 넣고 빙글빙글 돌려가며 갈아 최대한 곱게 만든 다음 생견으로 걸러낸다.

걸러낸 익힌 산미즙 3되를 밥에 뿌려 밥이 부드러워지면 오랫동안 덮어두었다가 밥을 꺼내 밥상에 펼쳐 놓는다. 일반적인 방법으로 온도를 낮춘 후 누룩을 넣고 버무린다.

猥酒

每石糟，用米一㪷煮粥，入正發醅一升以來，拌和糟，令溫。候一二日，如蟹眼發動，方入曲三斤、麥蘖末四兩，搜拌，蓋覆，直候熟。卻將前來黃頭，並折澄酒腳傾在甕中，打轉，上榨。

(번역문)

[외 주]

술지게미 1섬당 쌀 1말을 사용하여 죽을 끓이고 발효가 잘 된 술밑 1되 이상을 넣어 술지게미와 버무려 따뜻하게 한다. 1～2일 정도 기다려 술밑에 게 눈과 같은 기포가 올라와 발효가 시작되면 누룩 3근과 맥아가루 4냥을 넣고 잘 섞은 후 덮어둔다.

술밑이 익을 때까지 기다렸다가 처음 생기는 옅은 황색 술과 거른 술지게미를 항아리에 함께 붓고 빙글빙글 돌려가며 섞은 후 압착한다.

-(부록) 신선주법(神仙酒法)-

武陵桃源酒法

取神曲二十兩，細剉如棗核大，曝幹，取河水一鬥，澄清浸待發。取一鬥好糯米，淘三二十遍，令淨，以水清為度。三溜炊飯令極軟爛，攤冷，以四時氣候消息之。投入麴汁中，熟攪令似爛粥，候發，即更炊二鬥米，依前法，更投二鬥。嘗之，其味或不似酒味，勿怪之。候發，又投二鬥米投之。候發，更投三鬥。待冷，依前投之，其酒即成。

如天氣稍冷即暖和。熟後三五日，甕頭有澄清者先取之。蠲除萬病，令人輕健。縱令酣酌，無所傷。此本於武陵桃源得之，久服延年益壽、後被≪齊民要術≫中采綴編錄，時人縱傳之，皆失其妙。此方蓋桃源中真本也。

今商量以空水浸麴末為妙。每造一鬥米，先取一合以水煮，取一升澄，取清汁浸麴，待發。經一日炊飯，候冷，即出甕中，以麴熟和，還入甕內。每投皆如此。

其第三、以一㪷為率，初用一合米浸麴，一酘一升，二、三、四酘皆二升，五酘三升，是止九升一合。第五皆待酒發後，經一日投之。五投畢，待發定訖。更一兩日，然後可壓漉，即滓太半化為酒。如味硬，即每一㪷酒蒸三升糯米，取大麥曲蘖一大匙、神曲末一大分，熟攪和，盛葛袋中，內入酒瓶，候甘美，即去卻袋。

凡造諸色酒，北地寒，即如人氣投之；南中氣暖，即須至冷為佳。不然，則醋矣已。北造往往不發，緣地寒故也。雖料理得發，味終不堪。但密泥頭，經春暖後，即一甕自成美酒矣。

(번역문)

[무릉도원주법]

신국(神麴) 20냥(兩)을 준비하여 대추씨 크기만큼 잘게 썰어 햇볕에 말린다. 강물 1말(㪷)을 떠서 맑게 걸러 누룩을 담가 발효시킨다. 좋은 찹쌀 1말을 떠서 20~30번 정도 깨끗하게 씻어 물이 맑아질 때까지 씻는다. 세 번 밥을 쪄서 아주 부드럽고 질게 만든 다음 식히고, 사계절 기후에 따라 온도를 조절한다.

누룩즙에 넣어 죽처럼 될 때까지 잘 섞는다. 발효되면 다시 찹쌀 2말을 쪄서 이전과 같은 방법으로 넣는다. 맛을 보아 술맛이 나지 않더라도 놀라지 마라. 발효되면 다시 찹쌀 2말을 넣어준다. 발효되면 다시 찹쌀 3말을 넣는다. 식으면 이전과 같은 방법으로 넣어주면 술이 완성된다.

날씨가 약간 추우면 따뜻하게 해준다. 술이 익은 후 3~5일이 지나 항아리 위에 맑은 부분이 생기면 먼저 떠서 마시면 만병을 제거하고, 몸을 가볍고 건강하게 하며, 아무리 많이 마셔도 몸에 해롭지 않다.

이 방법은 원래 무릉도원(武陵桃源)에서 얻은 것으로 오래 마시면 장수할 수 있다. 나중에 ≪제민요술(齊民要術)≫에 채록되어 세상에 전해졌지만, 그 비법을 제대로 전하지 못했다. 이 방법이야말로 도원에서 전해 내려오는 진짜 비법이다.

지금은 물에 누룩기루를 담가 발효시키는 것이 가장 좋은 방법으로 여겨진다. 쌀 1말을 빚을 때마다 먼저 쌀 1홉(合)을 물에 넣고 끓여 1되(升)를 만든 다음 맑은 즙을 걸러 누룩을 담가 발효시킨다. 하루가 지나 밥을 쪄서 식힌 다음 항아리에서 꺼내 누룩과 잘 섞어 다시 항아리에 넣는다.

매번 넣을 때마다 이와 같이 하며, 세 번째와 다섯 번째는 술이 발효된 후 하루가 지나서 넣는다. 다섯 번 넣은 후 발효가 완료될 때까지 기다렸다가 하루나 이틀 후에 압착하면 술지게미 대부분이 술로 변한다. 만약 맛이 너무 강하면 술 1말당 찹쌀 3되를 쪄서 큰 보리누룩 1숟가락과

신국가루 1푼을 넣고 잘 섞어 베주머니에 담아 술병에 넣고 단맛이 나면 주머니를 꺼낸다.

모든 종류의 술을 빚을 때 북쪽 지방은 날씨가 추우므로 사람의 체온과 비슷하게 따뜻하게 해야 하고, 남쪽 지방은 날씨가 따뜻하므로 반드시 차갑게 해야 좋다. 그렇지 않으면 술이 시어질 것이다.

북쪽 지방에서 빚은 술은 발효가 잘 안 되는 경우가 많은데, 이는 날씨가 춥기 때문이다. 아무리 잘 발효시켜도 맛이 좋지 않다. 하지만 항아리 입구를 밀봉하고 봄이 되어 날씨가 따뜻해지면 항아리 하나에서 저절로 맛있는 술이 만들어질 것이다.

眞人變髭發方

糯米二㪷，淨簸擇不得令有雜米。地黃二㪷，其地黃先淨洗，候水脈盡，以竹刀切如豆顆大，勃堆疊二㪷，不可犯鐵器。母薑四斤，生用，以新布巾揩之，去皮，須見肉，細切秤之。法麴二斤。若常麴四斤，擣為末。

右取糯米，以淸水淘，令淨，一依常法炊之，良久，卽不饙。入地黃、生薑，相重炊。待熟，使置於盆中，熟攪如粥。候冷，卽入麴末，置於通油瓷瓶瓷中醞造。密泥頭，更不得動，夏三十日，秋冬四十日，每飢卽飮，常服尤妙。

(번역문)

[진인변자발방]

찹쌀 두 말(㪷)을 준비한다. 쌀을 일어 깨끗하게 하고, 잡곡이 섞이지 않도록 한다. 지황 두 말을 준비한다. 지황을 먼저 깨끗하게 씻어 물기를 완전히 제거한 후 대나무 칼로 콩알 크기만큼 잘게 썰어 두 말을 쌓아둔다.

쇠붙이 도구를 사용해서는 안 된다. 생강 네 근(斤)을 준비한다. 생강은 생것으로 사용한다. 새 베수건으로 닦아 깨끗하게 한 후 껍질을 벗기고 속살이 보이도록 하여 잘게 썰어 무게를 잰다. 법국 두 근을 준비한다. 일반 누룩은 네 근을 사용한다. 누룩은 찧어 가루로 만든다.

위의 찹쌀을 깨끗한 물로 씻어 일반적인 방법대로 밥을 짓는다. 밥을 짓는 시간을 좀 더 늘리고, 밥에 더 이상 뜨거운 물을 뿌리지 않는다. 지황과 생강을 넣고 다시 밥을 짓고, 재료가 익으면 큰 그릇에 담아 죽처럼 잘 섞는다.

식으면 누룩가루를 넣고 기름을 바른 도사기 병이나 항아리에 담아 발효시킨다. 항아리 입구를 진흙으로 밀봉하고 다시는 건드리지 않는다. 여름에는 30일, 가을과 겨울에는 40일 동안 발효시킨다. 배가 고플 때마다 마시면 특히 좋다.

妙理麴法

白麵不計多少、先淨洗辣蓼，爛搗，以新布絞，取汁，以新刷帚灑於面中。勿令太濕，但祇踏得就為度。候踏實，每個以紙袋掛風中，一月後方可取，日中曬三日，然後收起備用。

(번역문)

[묘리국법]

흰 밀가루는 양을 헤아리지 않고 준비한다. 먼저 매운 여뀌를 깨끗이 씻어 짓이기고 새 베로 즙을 짜낸다. 새 솔에 여뀌 즙을 묻혀 밀가루에 뿌리되 너무 축축하게 하지 말고 발로 밟아 뭉쳐질 정도로만 한다. 발로 밟아 단단해지면 각각 종이봉지에 넣어 바람이 잘 통하는 곳에 매달아 한 달 후에 꺼낸다. 햇볕에 3일 동안 말린 후 사용한다.

時中麴法

每菉豆一㪷，揀淨水淘，候水清，浸一宿，蒸豆極爛，攤在案上，候冷。用白麵十五斤，辣蓼末一升。蓼曝幹，搗為末。須旱地上生者，極辣。豆、麵、大㪷用大秤，省㪷用省秤。將豆、麵、辣蓼一處拌匀，入臼內搗，極相乳入。如幹，入少蒸豆水。不可太幹，不可太濕，如幹麥飯為度。用布包，踏成圓麴，中心留一眼，要索穿，以麥稈、穰草罨一七日。先用穰草鋪在地上，及用穰草系成束，排成間，起曲，令懸空。取出，以索穿，當風懸掛，不可見日，一日方幹。用時，每㪷用麴四兩、須搗成末，焙幹用。

(번역문)

[시중국법]

녹두 한 말(㪷)을 깨끗하게 골라내어 물로 씻고 물이 맑아질 때까지 씻은 후 하룻밤 동안 담가둔다. 녹두를 아주 무르게 쪄서 밥상에 펼쳐놓고 식힌다. 별도로 흰 밀가루 15근(斤)과 매운 여뀌가루 1되(升)를 준비한다.

여뀌는 햇볕에 말려 가루로 만든다. 반드시 밭에서 자란 아주 매운 여뀌를 사용해야 한다. 녹두, 흰 밀가루는 큰 말에는 큰 저울로 덜고 작은 말에는 작은 저울로 단다. 녹두, 흰 밀가루, 매운 여뀌를 함께 골고루 섞어 절구에 넣고 서로 섞일 때까지 찧는다.

너무 건조하면 찐 녹두 물을 약간 넣는다. 너무 건조하거나 축축하지 않게 말린 보리밥 정도의 상태로 맞춘다. 천으로 감싸 둥근 누룩 덩어리로 만들고, 가운데에 구멍을 뚫어 끈을 꿸 수 있도록 한다. 다시 볏짚이나 짚으로 덮어 7일 동안 보관한다.

먼저 짚을 땅에 깔고 싶을 묶어 단을 만들어 간격을 두고 누룩 덩어리가 땅에 직접 닿지 않도록 한다. 누룩 덩어리를 꺼내어 끈으로 꿰어 바람이 잘 통하는 그늘에 매달아 햇볕을 쐬지 않고 한 달 동안 말린다. 사용할 때는 쌀 한 말당 누룩 4냥(兩)을 사용하며, 반드시 누룩가루로 빻아 불에 말려 사용한다.

冷泉酒法

每糯米五㪷，先取五升淘淨，蒸飯，次將四㪷五升米，淘淨入甕內，用梢箕盛蒸飯五升，坐在生米上，入水五㪷浸之。候漿酸飯浮，約一兩日。取出，用麴五兩，拌和匀。先入甕底。次取所浸米四㪷五升，控幹，蒸飯，軟硬得所，攤令極冷，用麴末十五兩，取浸漿。每㪷米用五升拌飯與麴，令極匀，不令成塊，按令面平，罨浮飯在底，不可攪拌。以麹少許糝面。用盆蓋甕口，紙封口縫兩重，再用泥封紙縫，勿令透氣。夏五日，春秋七八日。

(번역문)

[냉천주법]

매 찹쌀 5말마다 먼저 5되를 골라 깨끗이 씻어 밥을 찐다. 다음으로 나머지 4말 5되의 쌀을 깨끗이 씻어 항아리에 넣는다. 채반에 찐 밥 5되를 담아 생쌀 위에 놓고 물 5말을 부어 담근다. 쌀뜨물이 시어지고 밥알이 떠오르면 약 1~2일 정도 걸린다. 밥을 꺼내 누룩 5냥을 넣고 고르게 버무린 다음 먼저 항아리 바닥에 넣는다.

다음으로 담가둔 생쌀 4말 5되를 건져 물기를 빼고 적당히 부드럽고 단단하게 밥을 쪄서 아주 차갑게 식힌다. 그런 다음 누룩가루 15냥을 넣고 다시 쌀 담근 물을 가져와 쌀 1말당 5되 비율로 버무린다. 밥과 누룩이 아주 고르게 버무려져야 덩어리가 생기지 않는다.

항아리에 넣은 후 손으로 눌러 표면을 평평하게 하고, 원래 떠 있던 밥알을 바닥에 눌러 덮는다. 휘저어서는 안 된다. 누룩을 약간 뿌린다. 그런 다음 대야로 항아리 입구를 덮고 두 겹의 종이로 입구 틈새를 봉한 다음 진흙으로 종이 틈새를 봉하여 공기가 통하지 않도록 한다. 여름에는 5일, 봄과 가을에는 7~8일이면 완성된다.

北山酒經(북산주경)

2025년 12월 10일 초판 인쇄
2025년 12월 15일 초판 발행

저 자 : 朱 肱(宋)
역 자 : 장영걸(張永杰)
펴낸이 : 천승배
펴낸곳 : 도서출판 유한문화사

주소 : 경기도 고양시 덕양구 지도로124번길 8-35
전화 : 2668-2055
팩스 : 2668-2565
http://www.yuhansa.com
E-mail : yuhansa@hanmail.net
등록 : 제 5-31호. 1979. 3. 6.

값 18,000 원

ISBN : 978-89-7722-742-2 13590